本当に野党ではダメなのか？

野党が掲げる成長のための経済政策　目次

まえがき

日本経済が危機に立たされている。危機（クライシス）とは古代ギリシャ語のクリノーに由来するが、原義は「分岐」である。危機の時代とは、つまり、大転換の時代なのだ。

国民からは悲鳴に似た叫び声が日々、聞こえてくる。

二〇二一年一月〜三月期のGDPは史上最悪の落ち込みである。リーマンショック以上の落ち込みだ。三〇年続いたデフレーションに加え、コロナ危機が経済を襲った。

もっとひどいのは、リーマンショックは全員が敗者だった。富める者も貧しい者もみんな損をした。打撃を被った。二〇〇八年の年越し派遣村には、職も住まいも失った派遣社員が集まった。今回のコロナ禍では、ネットカフェ難民が追い出され、行き場を失い、路上に住まいを求めていった。飲食業は緊急事態宣言やまん延防止等重点措置による自粛で廃業に追い込まれている。旅行・観光業、宿泊業なども同様だ。横浜市では通称ハマスタ（横浜スタジアム）の前に位置する老舗「ホテル横浜ガーデン」が昨年春に店をたたんだ。

しかし、コロナ危機においてはGAFA（Google・Apple・Facebook・Amazon）は史上空前の利益を出し、日本においても小泉純一郎政権で経済政策を担当した政商が会長を務める人材派遣会社の純利益が前年に比べて九四二・三パーセントもアップする見込みだ。年収億を超える億万長者は株価が高いために、濡れ手に粟で、大儲けしている。彼ら勝ち組は儲けに儲け、貧しき者はますます貧しくなっていっている。かつて、日本は総中流社会と言われたが、ただでさえ広がっていた格差はコロナ危機でさらに広がり、目を覆いたくなる状況にある。

その要因は何か？

フランスで経済に特化した大学院・パリ第九大学修士課程や早稲田大学大学院社会科学研究科修士課程で経営・経済学を学んだ私は、最大の〝戦犯〟は日本で長く続く緊縮財政にある、と分析している。

緊縮財政とは何か？

過激な言葉を使えばドケチ。金を出さない。支出を増やさない。国債すなわち国の借金を減らし、プライマリーバランス（基礎的財政収支）の黒字化ばかりを目指す路線である。

小泉・竹中改革なるものでそれは過激さを増していったが、それが故に三〇年続いているともいわれるデフレ経済から脱出できずに、日本はさまよっているのだ。

期待が集まったアベノミクスも初年度予算は財政支出を増やしたが、それ以降は緊縮財政に戻ってしまった。

国民が政治に抱くのは絶望だけだ。若者は未来に希望が持てないでいる。

ただ、コロナ禍だというのに、アメリカは二〇二一年に入ってから、経済がV字回復を遂げている。理由はワクチン接種が進んだこともある。だが、政府が積極財政に転じ、困った人たちを救う支出を大幅に増やしたことも大きな要因だ。赤字国債発行の上限を、共和党が求めて決めてしまったがために、今後はどうなるか分からないとはいえ、アメリカにできて、日本にできないことはない。

そのために必要なのは、現下の経済政策を進めてきた勢力・人々にサヨナラして、新しい経済政策を採用することである。絶望の経済学から希望の経済学への転換だ。

本書においては、二〇二一年七月一ヶ月かけて、政党要件を満たす野党全党の経済政策の責任者・担当者にインタビューした。野党はえてして経済に弱いと言われてきたが、担当の方々の話をうかがい、経済政策こそ野党がキラリと輝いているという確信を持った。主義主張は各党バラバラだ。しかし、一つだけ言えることがあるとすれば、今ここの経済政策よりは優れていて、はるかにマシだ、ということである。

私は一九九八年から記者・ジャーナリストをやってきて、痛感していることがある。

それは、「一人では生きられない。だからこそ、社会がある」ということだ。

そして、私が常に願ってきたことは「未来に希望がありますように」ということである。

本書は傷んだ経済を癒やし治療し、支え合い分かち合う社会を構築する手立てを示したものである。

ページをめくるごとに、あなたは日本の未来への明るい展望を抱き、希望の福音を聞くことであろう。

ようこそ、新しい日本へ。

さあ、信じられるニッポンへ。

経済政策担当の
江田憲司「立憲民主党」代表代行に聞く

分配なくして成長なし、一億総中流社会の復活を！

江田憲司《えだ　けんじ》
小選挙区（神奈川県第八区）選出、衆議院議員。立憲民主党
一九五六年岡山県生まれ。東京大学法学部私法学科卒業、通商産業省入省、米国ハーバード大学国際問題研究所フェロー、内閣副参事官、通商産業省経済協力調整室長、通商産業大臣秘書官、内閣総理大臣秘書官、桐蔭横浜大学法学部客員教授となる◎みんなの党幹事長、結いの党代表、維新の党代表、民進党代表代行を歴任◎著書として『政界再編』『財務省のマインドコントロール』『首相官邸』などがある。当選六回

――本日は貴重なお時間をいただき、ありがとうございます。さて、立憲民主党が経済政策に関する「中間とりまとめ」を発表なさった際、江田さんが会見をされましたが、自民党と比較してどのような政策になったのか、改めてうかがえますか。

江田：自民党はどうしても供給者側（サプライサイド）、つまり企業とか業界をベースにした

経済政策になりがちです。私は通産省（現・経産省）にいましたから、それを体感してきました。一方で我が立憲民主党は、生活者・消費者、働く者の立場に立つ政党として、需要者側（ディマンドサイド）を重視しています。端的に言えば、国民経済の五、六割を占める消費を喚起していきましょうというのが、我が党の政策です。

――自民党はサプライサイドに立ち、立憲民主党はディマンドサイドに立つ。そもそもの立ち位置が違うというわけですね。

江田：従来の経済学は、経済成長か所得再分配かという、神学論争のような二項対立軸で語られてきました。ただ、実際にはall or nothingというわけではありません。自民党も我々も、経済成長を目指す点では何ら変わりませんが、自民党は主に経済成長に軸足を置いていて、我々はどちらかというと所得再分配のほうに軸足を置いている。一〇〇対、その〇ではなく、どちらに重点があるかというぐらいの差です。二大政党の政権交代を目指す＝経済政策がガラッと変わり、共産主義やマルクス経済主義になるということではないのです。

――サプライサイドエコノミーというのは、私の記憶だと、小泉内閣のときに言われて、結局、安倍晋三さんも菅義偉《よしひで》さんもその路線を継承しています。それについては、どうお考えですか。

江田：アベノミクスは、一言で申し上げれば、強いものをさらに強くし、お金持ちをさらに大金持ちにしただけでした。その結果、格差が広がりました。つまり中間層が底抜けして貧困層が増え、富裕層と貧困層へと二極分解してしまったということです。今回、我々の経済政策の「中間とりまとめ」の表題には、「一億総中流社会の復活」と掲げました。若い方はご存知ないでしょうが、日本は高度成長時代に、比喩的にせよ、一億総中流社会と言われたのです。所得再分配を強化することでそれを取り戻すというのが、我々の基本的なスタンスです。

――これまでは、分配と成長は相反すると考えられてきましたが、あえて「分配なくして成長なし」とスローガンに掲げた意図をうかがえますか。

江田：これは立憲民主党だけが言っていることではなく、実は今の国際潮流でもあります。経済協力開発機構（ＯＥＣＤ）や国際通貨基金（ＩＭＦ）といった、これまで新自由主義的と言われたところ、小泉改革的なものを標榜してきた国際機関さえも、この五、六年で「格差是正が成長を促す」「分配強化が成長を促す」という考え方に変わってきた。これには私もびっくりしました。彼らの論文や報告書によると、要は所得再分配を強化して格差を是正し、貧困を撲滅すれば、結果的に教育水準が上がり、イノベーションが促進されて経済成長につながるというのです。もう一つとしては、我々の主張のように、所得を再分配して国民の懐を温めれば消費が促進される。先ほど申し上げたとおり、消費は国民経済の五、六割を占めています。消費がのびれば、国民経済全体が自然とのびていく。世界的にこういう考え方に変わってきたのです。立憲民主党が特異な政策を言っているわけではなく、これがまさに現在の国際潮流であることを、ぜひ、ご認識いただきたいと思います。

国民の懐を直接的／間接的に温める

――ディマンドサイドの立場に立つと、経済学者の小野善康《よしやす》先生（大阪大学特任教授名誉教授）は、総需要不足の解消こそが、今求められているのだとずっとおっしゃってきました。総需要不足の解消に向けた取り組みについては、どのようなことをお考えですか。

江田：大きく二つあります。一つは枝野幸男代表が言い続けている、ベーシックサービスの充実です。ベーシックサービスとは、人が生きていく上で不可欠な、医療や介護、福祉、子育て、教育といったサービスのことです。これらの分野に、予算を重点配分していこうと考えています。税金をそれらの基本的な分野に投入することによって、結果的に可処分所得を増やし、国民の懐を温かくし、消費をのばすのが目的の、ある意味、間接的な方法です。二つ目は、消費税などの減税や給付金といった、より直接的なアプローチです。国民に直接的に税金を投入するのです。

今回の「中間とりまとめ」の大きな特徴として、まず、今はコロナ禍の影響で家計が苦しい世帯もあり、即効性のある支援が必要なので、一年間に限って年収一〇〇〇万円以下の人の所得税を免除します。そして、非課税のみなさんには応分の給付金を交付する。そうすると、例えば、年収四〇〇万円から五〇〇万円の人には一〇万円の給付金と同じ効果が及ぶことになります。しかも、この所得層の大部分を占めるサラリーマンのみなさんは給料からの源泉徴収なので、昨年実施した国民一人あたり一律一〇万円給付の時と違って、法改正だけで煩瑣《はんさ》な手続きも要らず、手間暇もかからない。こうした措置でコロナ禍を乗り越えていくことを提案しています。

そして、コロナ禍が収束し、通常モードになったら、時限的に消費税を五パーセントに減税します。今、コロナ禍で景気がよくないのは、消費税一〇パーセントが主たる原因ではありません。現状では「跛行性《はこう》」があるというか、「巣籠り需要」が増えている一方で、飲食業や観光業は壊滅的な打撃を受けています。その打撃を受けている人々に、今、消費税を減税してもさほどの効果はないでしょう。また。将来、消費税が五パーセントに下がるとわかると、逆に買い控えも起こり、景気にマイナスにもなりかねません。そこで、当面は「所得税ゼロと給付金」で乗り切って、収まったら、消費減税で消費を喚起する、そういう「二段階方式」を提案しています。

繰り返しになりますが、これで人々の懐は温められ、消費が促されます。日本経済が混迷から抜け出せない最大の要因は、実質賃金が二〇年来ずっと下がり続けていることです。その間に何度かにわたる消費増税も実行され、国民の懐が寒くなってきた。可処分所得が減っているのだから、消費がのびないのは当たり前じゃないですか。そこに根本的な対応策を講じるという意味で、我々はベーシックサービスの充実で間接的に懐を温かくし、減税や給付金で直接的に懐を温かくする。結果的に消費がのびて経済が成長する。豊かな国民生活が実現できるわけです。これが我々の提言です。

富裕層の税負担を相応に

――消費税減税についてうかがいます。会見でのやり取りの中で、江田さんと福山哲郎幹事長との間に齟齬《そご》があるように感じました。江田さんは消費税を恒久的に減税すべきだというお立場だと思いますが、福山幹事長は時限的と考えている。この違いについて、おたずねしたい。

江田：福山幹事長との間に違いはありません。私は会見で、言葉を選んで正確に言ったつもりです。とりあえず消費税を時限的に五パーセントへと減税する。なぜ時限的かというと、後ほど述べる所得税や法人税を上げた場合、どのくらい税収が上がるかは、ブラックボックスに入っていて政権を取らないとわからないんです。実は財務省と、特別な地位にある大企業との間には、相対取引で税をまけたりしているカラクリがあるのですが、そこがどうなっているのかが、わからない。慎重な物言いをしたのは、政権を取ってそれらの「取引」なども含めた税収を全部見た上で、これからお話しする増収策、具体的には、大企業や富裕層への優遇税制、不公平税制の是正を考えていく必要があると考えたからです。そこでどれだけの財源が確保できるかによって、消費税減税の対応が変わってくる。消費税五パーセントぶんというのは約一二、三兆円ですが、上記の増収策で十分な財源が出れば、五パーセントに据え置くこともできる。財源が出ない場合もあり得ますから、現段階で恒久的と言うのは無責任になってしまう。そこで、まずは時限的なものにしますと申し上げたんです。私は新生「立憲民主党」の誕生に際し、党の経済政策調査会長と経済政策担当の代表代行に正式に就く前に、いろんな議連の場で試算をしてみました。その結果、五パーセントぶんくらいは捻出されることがわかった。これから申し上げる不公平な税制の是正を行えば、財源は出てきます。それが本当に政権を取って中身を見た段階で正しいとわかれば、五パーセントに据え置くこともありうる。これが「中間とりまとめ」の会見でお話ししたことなんです。

――図を使ってのご説明お願いします。

江田：野党は民主党政権時代に、一六兆円も一七兆円も特別会計の埋蔵金やムダ遣いの解消で財源は出ると言っておきながら、結局出なかったじゃないか、と。選挙になると、また、

実際の法人税負担率（2017年度）

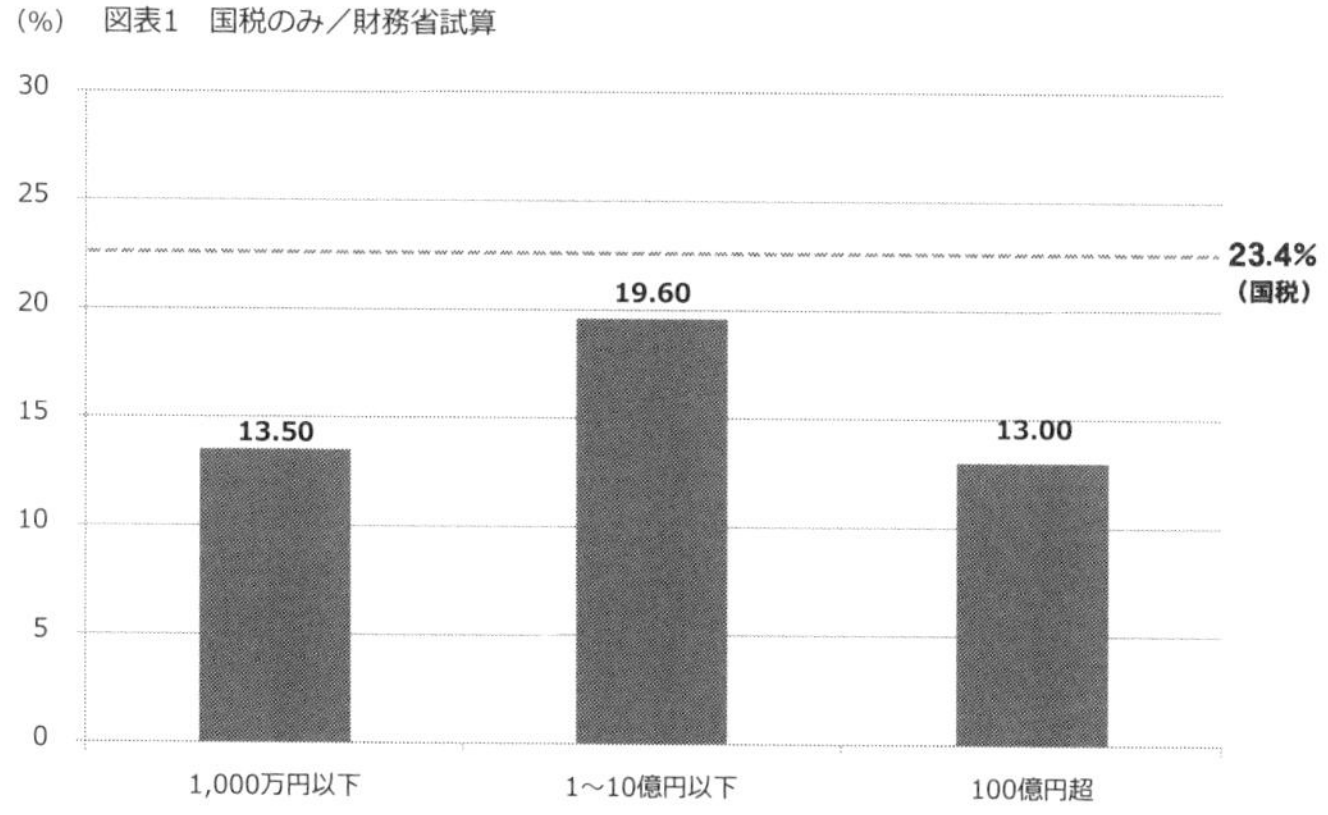

日付：2020年11月2日 出典：財務省資料／使用者：江田憲司／作成者：衆議院議員江田憲司事務所

ああいう甘いことばかり言うのか、と批判されかねませんから、今回はきっちり財源を出します。はっきり言いましょう。立憲民主党は、増税を訴えます。これはのび続ける社会保障費の財源を消費税に求めるのではありません。税金には、法人税もあれば、所得税もある。まずはこちら（上図）、私が予算委員会でずっと出してきた財務省の資料を提示します。

法人税は今、国税で二三・四パーセント、地方税を合わせると三〇パーセント弱です。税率は、大企業も中小企業も一律です。しかし、実際に払っている法人税の額をご覧ください。一〇〇億円以上の超大企業が法人税の負担率が最も低いでしょう。一〇〇〇万円以下の中小零細企業も一三・五パーセントを負担しているのに、超大企業が一三パーセントです。これっておかしすぎませんかと、みなさまに申し上げたい。一億円から一〇億円以下の中堅的な企業が二〇パーセント近くと、最も多く負担している。

　なぜこんなことが起きるのか。租税特別措置、いわゆる政策減税というのがありますね。省エネルギー投資をしたら税金まけましょう、研究開発投資をしたらまけましょう、外国に子会社があって、そこからの益金が入ってきたら、それもまけましょうと、いろんな優遇措置がある。それが一番適用されるのが超大企業だから、結果的にどんどん税金が減っていき、こんなことになっているのです。また、誰でも知る超大企業は、法人税を払っていない。これにもっと国民は怒りましょう、と私は言っているのです。我々は何も大企業をいじめようというんじゃない。大企業は利益を出しているし、税金を負担する能力も高いのだから、応分の負担はしてくださいと申し上げたいだけです。「財政が厳しい」と言うなら中堅企業よりは、せめて負担していただけませんかと言っているだけなのです。

　そこで我々は今回、規模にかかわらず一律三〇パーセント弱の法人税を、所得税と同様にするよう提案しています。所得税の場合、所得が増えれば増えるほど税率が高くなりますよね。最高税率は四五パーセントです。この累進税率を法人税にも適用しようというのです。現在一律三〇パーセント弱のところを、規模に応じて低いほうから一〇パーセント、二〇パーセント、三〇パーセント、四〇パーセントにする。超大企業には四〇パーセントが適用されるので増税になりますが、中小零細企業には一〇パーセントが適用されますから減税になります。政権を取らないと正確にはわかりませんが、我々の試算では、トータルでは数兆円の

年収による所得税負担率の変化（2018年）

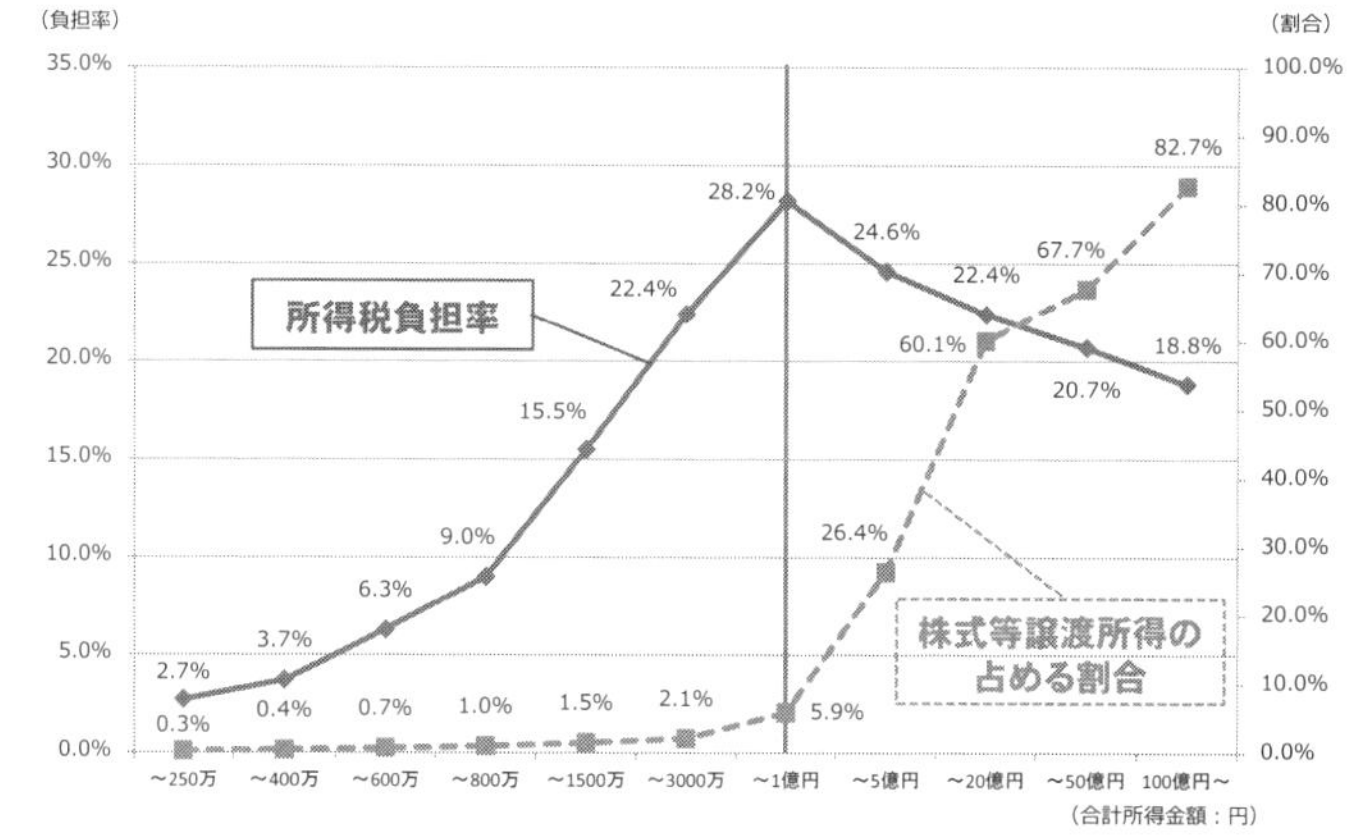

日付：2020年11月2日／出典：財務省資料／使用者：江田憲司／作成者：衆議院議員江田憲司事務所

増収になるんです。だから不公平な優遇税制を見直していけば、消費税で取らなくても税収は上がります、というのが申し上げたい一点目です。

もう一つが所得税についてです。このパネル（上図）も私、何度も予算委員会で出しているのですが、メディアが一行一秒も報じない。なんでしょうね。

この折れ線グラフでは、所得が上がれば上がるほど、所得税の負担率が上がっていっていますよね。累進税率ですから、年収に応じて負担率は上がる。なのに年収一億円を超えると、下がっているでしょう。なぜ下がるのか。点線で記した株式等譲渡所得の占める割合にご注目ください。一億円を超えるお金持ちは、たいてい株で儲けているんですよ。財務省資料によると、所得が増えるにつれ、株取引の割合が上がってきているでしょう。にもかかわらず所得税は、たった二〇パーセントしかかかってない。今の所得税の最高税率は四五パーセントですが、昔は七五パーセントも取られていました。さすがにそこまでの高税率だとお金持ちが海外に逃げてしまうという議論があり、どんどん最高税率を下げてきた歴史がある。その結果の最高税率四五パーセントなのに、株で儲けた人だけは、なんとその半分以下の二〇パーセントしか払っていない。結果的に年収一億円を超えると、むしろ所得税の負担率が下がることになっている。これもおかしいでしょう？　もっと怒りましょうよ、国民のみなさん。我々の提案は、あまり上げるのもお金持ちいじめになりますから五パーセント程度でいい、それくらいは最高税率を上げさせてくださいと。お金持ちの所得というのは桁が違いますから、五パーセント上げただけでも大きな増収になる。株式分離課税という金融所得課税にたった二〇パーセントしかかかっていないというのは、国際的にも異例です。ヨーロッパ諸国もアメリカも、金融所得の税率は三〇パーセント前後です。だからまずはこの二〇パーセントを、国際標準並みの三〇パーセントに上げましょう。その上で株取引などの影響を見据え、必要であれば三五パーセント、四〇パーセントまで上げることも検討しましょう、と。

この株式分離課税については、アメリカのジョー・バイデン大統領も増税します。富裕層に限り三九・六パーセント、ほぼ四〇パーセントまで上げようと公約し、今実行しようとしている。その意味で我々の提唱する三〇パーセントではまだまだ低いという声もありますが、申し上げたように国際潮流を見定めながら、将来的には上げていくことも視野に入れていく。

株で損した場合には税金はかかりませんから、せめて儲けたときは三〇パーセント、できれば四〇パーセントくらいの税金をかけたい。実は今これは分離課税ですが、それをやめて通常所得に株式利得を合算した総合課税制度にしろ、という声もあるんです。そうすると富裕層には四五パーセント課税になりますから。党内には、それを上限に上げろという声も強い。それを考えれば、三〇パーセントなんてむしろ非常につつましい要求です。

もし最高税率を四五パーセントから五〇パーセントにし、金融所得課税を三〇パーセントまで上げれば、これも数兆円の財源になります。ですから、これは過去の民主党政権が唱えて失敗した「無駄遣いを解消しましょう」とか、「特別会計の埋蔵金・積立金を使いましょう」という話とは違い、我々が政権さえ取れれば、法人税法や所得税法を改正して、即実行できることなんです。

一方で、これは自民党には絶対にできない政策です。冒頭で申し上げたように、自民党は企業・業界に支持基盤を置く政党です。特に超大企業にお世話になっていますから、このような法人税の増税はできませんし、比較的富裕層に支持されている政党でもあるので、富裕層の税金を上げましょうなどとは言いにくいのです。これはきわめて立憲民主党らしい政策だと言えます。我々は生活者・消費者・働く者の立場に立つ政党として、所得再分配を強化し格差是正や貧困撲滅を実現していきます。ノーベル経済学賞を受賞したポール・クルーグマン教授の言葉を借りれば、「一パーセントからとって九九パーセントに回す」経済政策です。一パーセントの富裕層や超大企業から税金を取って、それを九九パーセントの普通の方々、一般の方々に回していく。必ずや国民のみなさんの胸に響く政策だと自負しておりますので、秋の総選挙では、ぜひこの経済政策を訴えて、戦っていきたいと思います。

――バイデン政権と同じ路線だとおっしゃいましたね。他にバイデン政権の政策で参考にしたいものはありますか。

江田：法人税については、トランプ政権が一気に二一パーセントにまで下げたんです。それをバイデン政権は二八パーセントに上げ、先ほどお話しした分離課税も富裕層に限って三九・六パーセントに上げると言っています。そして、我々がベーシックサービスの充実を唱えているのと同様に、バイデンさんは五年で一兆ドル規模のインフラ投資と一〇年間で一・八兆ドルの社会保障拡充というプランを出し、その上で足りない財源を、我々と同じような方向性で、富裕層や大企業への増税で賄おうと議会に提案している状況です。示し合わせたわけではありませんが、我々の方向はバイデン民主党政権が目指す方向と完全一致していますし、先ほど申し上げたとおり、IMFやOECDが唱える所得再分配による格差是正が成長を促すという潮流にも合致しています。立憲民主党が、またとんでもない政策を打ち出したというのではないことを、まずご理解いただきたいと思います。

財務省の二枚舌に騙されるな

――コロナで損失を被った事業者の補償についてうかがいたいと思います。京都大学の藤井聡教授は粗利補償が必要だとおっしゃっていますが、どう思いますか？

江田：今のコロナ禍に対応する措置としては、全体的なマクロ経済政策よりも、損失補償などの個別対応をする方が効果的だと思います。コロナ禍の影響を受けて困窮された事業者はたくさんいます。とくに飲食店に関しては、休業や酒類の提供自粛をお願いしている以上、すべて損失分は補填《ほてん》すべきです。もっと言うと事業者だけではなく、病院でもコロナ患者を受け入れた結果、経営が悪化しているとか、コロナ患者を受け入れた病院の看護師さんやお医者さんほどボーナスが出ないという現実がある。財政再建は重要ですが、今はそんなことを言っていられない状況なのですから、どんどん国債を増発し、損失補償をしていくというのは、当然の政治の責任だと思います。

――都議選に際してNHKが行った世論調査で驚いたのが、最も期待する政策として、経済政策があがっていたことでした。いつもとまったく同じだったんです。そして二番目がなんと、社会保障を抜いて財政再建だった。江田さんは著書『財務省のマインドコントロール』（幻冬舎）で財政赤字の嘘を暴かれましたが、都民もマインドコントロールをされているのか、財政健全化が二番目に重要と考えています。財政健全化についてのご意見をお願いいたします。

江田：そうですか。少々驚きました。財務省の「借金で財政が破綻」というキャンペーンがそれほど効いているのか、と。自著にも書きましたが、財政再建が必要なことは私も重々わかっています。しかし国家経営には、やはり優先順位をつけることが大事なんです。財政だって国民のためにあるわけです。「国破れて財務省あり」では困る。

実際、今の日本の財政が破綻するかといえば、まったくそんなことはありませんよね。個人の持っている金融資産は一九〇〇兆円を超えています。そして企業の内部留保が四七五兆円です。これは戦後最高額です。それから海外純資産と言いまして、日本は海外に三五六兆円も持っている。かつてギリシャが破綻したのは、海外から借金ばかりしていたからですが。さらに外為特会（外国為替資金特別会計）にはアメリカの国債などで一四四兆円の外貨準備がある。これもあまり知られていない統計ですが、日銀の資金循環統計で個人、企業や国の資産を全部合わせると、四〇〇〇兆円近い金融資産があるといいます。どこが破綻するというのでしょう？　その証拠に、国際的に何か危機が起こると、まず円高になります。円が世界から安全な資産だと思われているからです。

それから、これはよく考えていただきたいのですが、国債の発行は借金であり、子どもや孫へのツケ回しだとよく言われるでしょう。でも本当にそうでしょうか。私が国債を一〇〇万円買うとします。その後私が死ぬと、私の子どもがその額面一〇〇万円の国債を相続する。それを子どもが換金したら一〇〇万円もらえるということです。これは「ツケ回し」でしょうか。違いますよね、国債購入はむしろ「仕送り」なのです。頭を切り替えて考えてください。ただ、これには唯一の限定条件があって、日本の国債を外国人が購入した場合、将来子どもや孫が換金するときには、外国にお金が流出します。ですから外国に借金してはダメなんです。しかし、下がってきたと言っても、今も九割近くの国債は日本人が買っているので問題はない。

私はコロナ禍では、財政再建のことなんて考えずに、どんどん国債を発行して国民を救わなければいけないと思っています。それが優先順位というものです。国債を出し続けることの弊害があるとしたらそれは、国債というのはいずれ返さなければならないので、一般会計に占める借金返済の割合が大きくなり、社会保障や経済対策、教育といった大事な政策に割ける余裕がなくなることです。これを「財政の硬直性」といいます。ですからコロナ禍が終われば、やはりその借金をどうやって返していくかの道筋はちゃんと決めなければいけません。しかし、今このご時世で財政再建だなんて、悪いけど、そんなとんでもない考えは改めてほしい。

もう一度言いますよ。一九〇〇兆円の個人金融資産に、外為特会には一五〇兆円の外貨準備があって、そして海外純資産は三五〇兆円もあるのに、破綻するわけがない。財務省というのは。国民には「大変だ、大変だ」とオオカミ少年のように言いふらします。私が首相秘書官として仕えた二十数年前の橋本龍太郎政権にも、「もう財政が破綻する」と言うオオカミ少年がいました。財務省のホームページを見るとわかるのですが、二〇〇二年頃、日本の国債の格付けがボツワナの国債並みに下げられたときに、今、日銀総裁の黒田東彦《はるひこ》さんが、財務官を務めていた折でしたが、財務省は海外向けに「日本の国債がデフォルトすることはありません」と発信しています。当時、「日本には一四八八兆円の個人金融資産がございます。二五二兆円の海外純資産がございます。外貨準備は一〇〇兆円もあります。格付けを下げられる要因はどこにあるのですか」と反論しているんです。国民には「財政が火の車だ、消費増税だ、でなきゃ破綻だ」と言っておきながら、海外には「全然問題ない。なぜ格付け下げるんですか」と、二枚舌を用いている。

当初は、大蔵省（当時）は、直間比率の是正だといって消費税を導入して、それが通用しなくなると今度は、社会保障のための消費税だと言い出した。これから少子高齢化で社会保障費がどんどん増大していくので、その財源を消費税でまかなわなければいけないと言われると、先ほどの都議選アンケート調査を見ても、国民のみなさんは「やっぱりそれは増税しないと、無駄遣いをなくすだけじゃダメだよね」という発想になるのでしょう。しかし消費税というのは、申し上げているとおり、お金持ちにもそうじゃない人にも等しく一〇パーセントかかる税です。低所得の人ほど重税になる。そして、社会保障というのは、そういう困っている人に所得再分配をするものです。医療や介護、福祉、年金などに、所得の低い人ほど重税感のあるような財源を使うというのは、どう考えてもおかしい。少し考えればわかります。だから我々は、社会保障費が今後増大するのは承知していますが、それを賄《まかな》う財源は消費税ではなく、お金がある人の所得税、儲けている大企業の法人税を上げることで取っていく。それを所得再配分機能を持つ社会保障の財源にしていくというのは当たり前の発想じゃないでしょうか。消費税を充《あ》てるというのは論理が破綻していますね。

自民党にはできない、国際潮流に則った経済政策

――お話はまったく同感ですが、お金持ちから税金を取るというと、日本共産党と同じような政策じゃないかと言われそうです。反論する自民党側からもそういう意見が出ると思います。そこへの反論をぜひお願いします。

江田：そういう批判や誤解は当然出てくると思います。それに対しては必ず、「これはけっして大企業のみなさんや富裕層のみなさんをいじめるわけじゃないんですよ」と反論します。「あくまで応分の負担をしてくださいということです。だって超富裕層や超大企業ほど税負担が少ないじゃありませんか。中小企業よりも負担が少ないのはおかしい。一億円を超えると所得税の負担率が下がっていくのもおかしい。収入に見合った負担をしてください」。こう説得します。これはまさにバイデン民主党政権も進めている話であり、自民党には絶対できない立憲民主党らしい政策なので、ぜひご理解をいただきたいです。

我々はその代わり消費税は下げるし、ベーシックサービスは充実していきます。みなさんの生活の将来不安を取り除いていきます。これが政権選択ということです。これまでの野党は確かに立ち位置が不明確で、どっちつかずでしたし、「経済政策がない」と言われてきました。でも、これだけ申し上げても「ない」と言われるのなら、私にはもう手の打ちようがないですね。国民の理解を得ていくしかないと思います。

――デービッド・アトキンソンさんの中小企業淘汰論についてはどう思われますか？

江田：新自由主義の極致でしょうね。中小企業は農業と同様に、国民生活や経済の基盤を支えています。とくに日本の場合は、企業の大半は中小です。従業員の数においても七〇パーセントを占めている。そういう国で、中小企業を淘汰してどうするのでしょうか？　かつて言われた「農業は大規模化すればいい」という論理と同じです。農業を大規模化して経営効率を上げ、生産性を上げていくというのは一見正しいように見えるけど、アメリカや豪州の大規模農業に、日本が太刀打ちできるわけはありません。そもそもの規模が違うのですから。であれば、我々はむしろ水の涵養《かんよう》機能とか景観の保持とか、農業でご飯を食べていくとか、農業の多面的機能を維持していくほうを目指すべきです。農業で地域を維持していく。そのほうが格差是正にもつながる。経済合理性で一刀両断せず、もっと多元的に考えていくべきだと思っています。

――最後に意気込みを。

江田：経済とは「経世済民」の略語です。「世を治め、民を救う」、これは国家運営の基本中の基本です。これまで野党は経済政策がないとか、甘いことばかり言うと批判されてきましたので、今回はしっかりとした財源をお示しし、我々が目指すのは医療や介護、子育てや教育といったベーシックサービスの充実であり、それにより将来不安を解消することで、みなさんの生活に安心・安全を取り戻していきますよと。人への投資が未来を切り開いていく。命と暮らしを守るための具体策を出し、その財源も出しましたので、これを訴えながら、秋の総選挙を戦い抜きたいと思っております。何卒よろしくお願い申し上げます。

大門実紀史
「日本共産党」参院国対副委員長に聞く

賃金引き上げと大胆な支出で、日本経済を立て直す!

大門実紀史｜だいもん　みきし
比例代表選出、参議院議員。日本共産党
一九五六年京都府生まれ。神戸大学中退。東京土建一般労働組合同本部書記長、全国建設労働組合総連合（全建総連）中央執行委員、建設労働組合首都圏共闘会議初代議長を歴任◎予算委員、財政金融委員、党参院国対副委員長、党議員団建設国保対策委員会事務局長、党中央委員◎著書として『ルールある経済って、なに?』『新自由主義の犯罪』『カジノミクス』がある。当選四回

――「日本共産党」で最も経済に詳しい大門実紀史参院議員にお話をうかがいます。まず、「日本共産党」は来る総選挙と来年の参議院選挙に向け、どのような経済政策を訴えていくおつもりでしょうか。

大門：個別具体的な経済政策は選挙前に打ち出す予定ですが、大きな柱は三つになると思い

ます。

第一は、新型コロナを終息させて経済をすみやかに回復させることです。菅義偉政権が感染拡大の最中にオリンピックを強行したため、コロナの収束はまた遠のいてしまいました。菅政権はコロナに乗じて、中小企業をつぶすことも辞さない「新陳代謝」を進めようとしていますが、これは間違いです。今頑張っている事業者をコロナ収束までつぶさないこと、生き延びてもらうことが大切です。そのほうが、社会全体の経済コストも抑えられる。我々の経済政策は、このための分厚い支援が中心となります。

第二に、コロナ禍によって露呈した日本経済の脆弱《ぜいじゃく》性を招いてきた、弱肉強食の新自由主義の政策を改め、国民の命とくらしを本気で守りぬく経済政策へと転換することです。

第三に、コロナ禍で拡大した格差の是正です。日銀を含め、世界の中央銀行による大規模な金融緩和で市場に供給された大量のマネーは、実体経済よりも株式市場に流れ込み、株価バブルを作り出して富裕層の富を急増させました。その一方で、コロナ禍で失業や減収が増え、多くの国民が困窮化しています。この不公正は是正されなければなりません。応能負担《おうのうふたん》原則による課税強化と、社会保障の立て直しの両面が必要です。

――コロナ禍によって明らかになった経済の脆弱性とは、どんなものですか。

大門：経済の持続的発展にとって、社会保障や雇用などに関する公的なセーフティネットは不可欠だと考えています。一部の大企業や富裕層だけがいくら一人勝ちしても、経済全体が発展することはありません。みんなが一生懸命働けば報われる、困難に直面したときは公的な支援を受けられる、そういう社会であってこそ、経済ものびていくのではないでしょうか。

ところが長年にわたる新自由主義の政治は、とにかく小さな政府、何でもかんでも官から民へ、規制緩和一辺倒で、国の公的責任を放棄してきました。保健所や感染研究所は体制を縮減され、医療体制もギリギリのところまで絞り込まれてきた。そこに新型コロナが襲いかかり、検査体制は追いつかず、医療現場が危機的状況に陥りました。今後コロナが終息しても、再び何らかのパンデミックが起こる可能性はあります。普段から医療、保健所などの体制をきちっと整えておくことが、経済を安定させるうえでも、どうしても必要です。

また新自由主義の政治によって、非正規雇用が拡大し、使い捨て労働が横行、生活支援のセーフティネットも不十分極まりない状態になっています。コロナ禍で真っ先に切り捨てられたのは非正規雇用者でした。各地の食糧支援の取り組みに人々が列をなすという状況が、世界第三の経済大国で起きていいのでしょうか。これはまさに、公的セーフティネットの底が抜けてしまっている証拠です。

「構造改革」が壊した社会保障と賃金・雇用制度を立て直す

――新自由主義が日本で本格的になったのは、いつ頃からだと思いますか。

大門：私が参院議員として国会に入ったのは、二〇〇一年です。ちょうど小泉純一郎内閣が発足し、竹中平蔵さんが経済担当の大臣になったときです。はじまりということで言えば、橋本龍太郎元首相による「改革」もありますが、本格的に新自由主義が遂行されたのは、やはり小泉・竹中「構造改革」の時期だったと思います。

――小泉内閣が残した禍根《かこん》・問題点は、何だと認識されていますか。

大門：最大の問題点は、低賃金・不安定雇用を広げ、貧富の格差を拡大したことです。竹中さんが主導した小泉・竹中「構造改革」の考え方は、企業が儲けることが一番というものでした。企業が儲かれば、それは必ず国民に回る。だからまずは企業が儲けられる体制を作ることが大事だ、という理屈です。当時、「ダム論」と言って、企業が儲けた利益は、ダムから水が溢れるように、いずれ国民にも賃金や雇用の形で回ると説明されたわけです。

しかし実際にはそうならなかった。いくら企業が儲けても、国民に回らない。かつてのような正社員・終身雇用が基本の日本的経営とは違い、低賃金の非正規雇用を拡大し、企業利益が賃金・雇用に回るパイプを遮断したのですから、「ダム論」など起きるわけがありません。結局、儲かったのは大企業だけで、国民に回さなかった利益は巨額の内部留保として蓄積されました。

さらに経団連などは、企業の負担を減らすために、社会保障費の削減を求めてきました。小泉内閣は、その要求どおり、社会保障費の自然増のカットまで断行した。税においては、企業負担を減らし、そのぶんを消費税に移し替えるということまでやってきた。直間比率の見直しです。これも経団連の一貫した要求でした。また賃金を抑制するため、派遣労働の規制緩和を一気に進めたのも小泉内閣でした。自民党はもともと経団連の「政治部」みたいなものですが、「改革なくして成長なし」という掛け声のもとに、一気に財界要求を実行したのが小泉・竹中「構造改革」だったと思います。

国民のくらしと経済を立て直すには、小泉・竹中「構造改革」と逆のことをやるしかないと思います。

――逆のこととは、どういうことですか。

大門：社会保障の充実と賃金・雇用制度の立て直しです。まず社会保障は今のように改悪の一途をたどるのではなく、これから改善していけるという明るい方向を指し示すべきです。二〇二一年の通常国会では、コロナ禍の最中にもかかわらず、病床削減や高齢者の医療費負担を二倍化する法案が強行されました。こんなことばかり続けてきた結果、国民のみなさんの中には今、社会保障に対する悲観論、あるいは絶望感が募っているのではないでしょうか。国家予算において、無駄だらけの公共事業や増やす必要のない軍事費など、無駄遣いはたくさんあります。大儲けしている大企業や富裕層への課税も軽すぎます。歳出と歳入の見直しによって財源を作り出し、社会保障に回していく。従来のような削減一辺倒の暗い方向ではなく、社会保障は今後よくなっていける、よくしていくのだという明るいメッセージを出すべきだと思います。

雇用の立て直しという点では、特にデジタル化との関係が重要です。いまギグワークなど、ネットを通じた使い捨て労働が急増しています。人間をモノのように酷使し、企業だけが儲かるような経済社会は、人々を疲弊させるだけで長続きしません。この新しい「雇用」形態は野放図に拡大させず、雇用関係を明確にさせる、賃金・福利厚生体系を作らせるなど、規制すべきです。今雇用に必要なのは、企業のための規制緩和ではなく、働く人のための規制強化なのです。

――竹中平蔵さんの名前が出たので、うかがいます。パソナの今年の純利益は、前年の九四二パーセントでした。コロナとオリンピックという二つの利権で儲けたわけです。竹中さんやパソナについては、どのようにお考えですか。

大門：経済政策担当大臣時代の竹中さんとは、五〇回以上論戦をしました。竹中さんは学者とはいえ、象牙の塔の教授というより、ビジネススクールの先生のような感じでした。大臣の任期中は、立場は違えど、真摯な議論ができました。ところが退任後、学術界に戻られるのかと思えば、パソナの会長に就任し、実業の世界に入られた。当初は規制緩和など、ご自分の理論を実践で試したかったのでしょう。しかし規制緩和を推し進め、政府の審議会などの委員を務めていながら、その仕事を自分の会社で受注するというのはいかがなものでしょうか。コロナ禍にもかかわらずパソナがあれだけ業績を伸ばしているのは、オリンピック等政府の仕事を受けられるポジションにいるからです。これはフェアではありません。かつての論戦相手として、今の竹中さんの行動についてはとても残念に思っています。

「身を切る改革」でくらしはよくならない

――大阪府に至っては、公務員を削減し、その人員をパソナから派遣された社員で補っていますね。

大門：公務員を減らすなど、何でも「官から民へ」というのは、もともとは小泉・竹中「構造改革」が唱えた方向性です。「維新の会」も「身を切る改革」だと、公務員を減らせ、民間に任せろと主張していますが、そこに目新しさはありません。

コロナに伴う飲食店などへの時短協力金の給付業務ですが、たいていの自治体では、民間業者を活用しても、審査判断をふくめ肝心なところは自治体職員が担っていたため、給付はそれほど遅れなかった。しかし「維新」が与党の大阪府では「官から民へ」に固執しすぎて、パソナに丸投げしてしまいました。そのため給付が全国最低レベルに遅れてしまい、大問題になったのです。
民間が必ずしも効率的とは限りませんし、本当に行政コストが減っているのかどうか、検証する必要があります。民間に丸投げした結果、従来以上にコストがかかっている場合も多い。受注事業者が中抜きして、下請けに回す事例は多いですから。

――大阪の維新政治が誕生して一〇年以上になりますが、大門さんはどのように大阪維新の政治をご覧になっていますか。

大門：ビジョンのない政党だと思います。「身を切る改革」をいくら叫んでも、人々のくらしがよくなっているわけではありません。大阪の福祉サービスの低下を見ると、結局、身を切られたのは府民、市民だったのではないでしょうか。
人々のくらしをよくするには、「身を切る改革」のような、小泉・竹中「構造改革」の延長ではなく、その方向自体を改めるしかありません。大阪の「維新」も府民のくらしや地域経済をよくするビジョンがないから、カジノＩＲだの「スーパーシティ」だの、新しいことを言ってごまかそうとしているのではないかと思います。

――「維新の会」に関連して、二点うかがいたい。一点目は、今回のコロナ対応で「維新」

の脆弱さが顕著になったように思います。大阪市、大阪府のコロナ対応をどう見ているのか。二点目は、大門さんが熱心に取り組んでこられたカジノＩＲの最大の問題点とは何なのか。

大門：橋下徹元市長＆元府知事が自ら述べたように、「維新」は小泉竹中「構造改革」的な路線をとってきました。そうして大阪の医療、保健所体制が縮減されたところに、コロナが襲来した。現場は大変な事態になりました。橋下さん自身が反省していますが、それでは、これからどうするのか。次のパンデミックに備えていこうという考えは、新自由主義の政治からは生まれてこないと思います。

カジノとは、つまるところ博打です。博打で経済を改善するという理屈は成り立ちません。そもそも博打というのは誰かのお金を誰かが吸い上げるだけのゼロサムゲームであり、付加価値を生まないからです。雇用が増えるではないかと言う人がいますが、雇われた人の何倍もの数の人生が、借金地獄、家庭崩壊、自殺、倒産廃業で失われていきます。「大阪維新」をはじめカジノ推進派は、とりあえず日銭が入ることしか目に入ってないのでしょう。経済をよく知らないのだと思います。

世界の流れに逆行する富裕層優遇策

――日本のＧＤＰは史上最悪の落ち込みを記録しました。米国などは今年に入って、コロナ不況からV字回復しています。日本経済はなぜコロナ不況から脱出できないのでしょうか。

大門：アメリカの経済回復の要因は、第一にワクチンの効果、第二に国民生活への分厚い支援にあると思います。

日本の場合は、ワクチンの接種が遅れ、収束が見えない状況でオリンピックを強行し、わざわざ感染を拡大させる一方で、国民の生活支援も中小企業支援も内容が不十分なうえに、遅れに遅れています。

――バイデン政権の誕生から半年以上、ハネムーン期間も終わりました。参考になる政策があれば教えてください。

大門：先ほど申し上げたように、コロナ禍のもとでも世界中で格差が広がっています。

アメリカでは超富裕層がものすごく資産を増やしました。バイデン政権は年収一〇〇万ドルを超える世帯のキャピタルゲイン、つまり株取引に関する所得税率を引き上げようとしています。イギリスでも金融所得課税の対象者を増やす措置を取りました。同時に米英とも、法人税の課税強化にも踏み出しています。

世界が格差是正のため、応能負担原則での課税強化に踏み出している一方で、日本は逆行しています。再三にわたる「日本共産党」の追及により、株取引に関する金融所得課税は二

所得階級別の所得税負担率は富裕層ほど軽くなる
（所得階級別の所得税負担率）

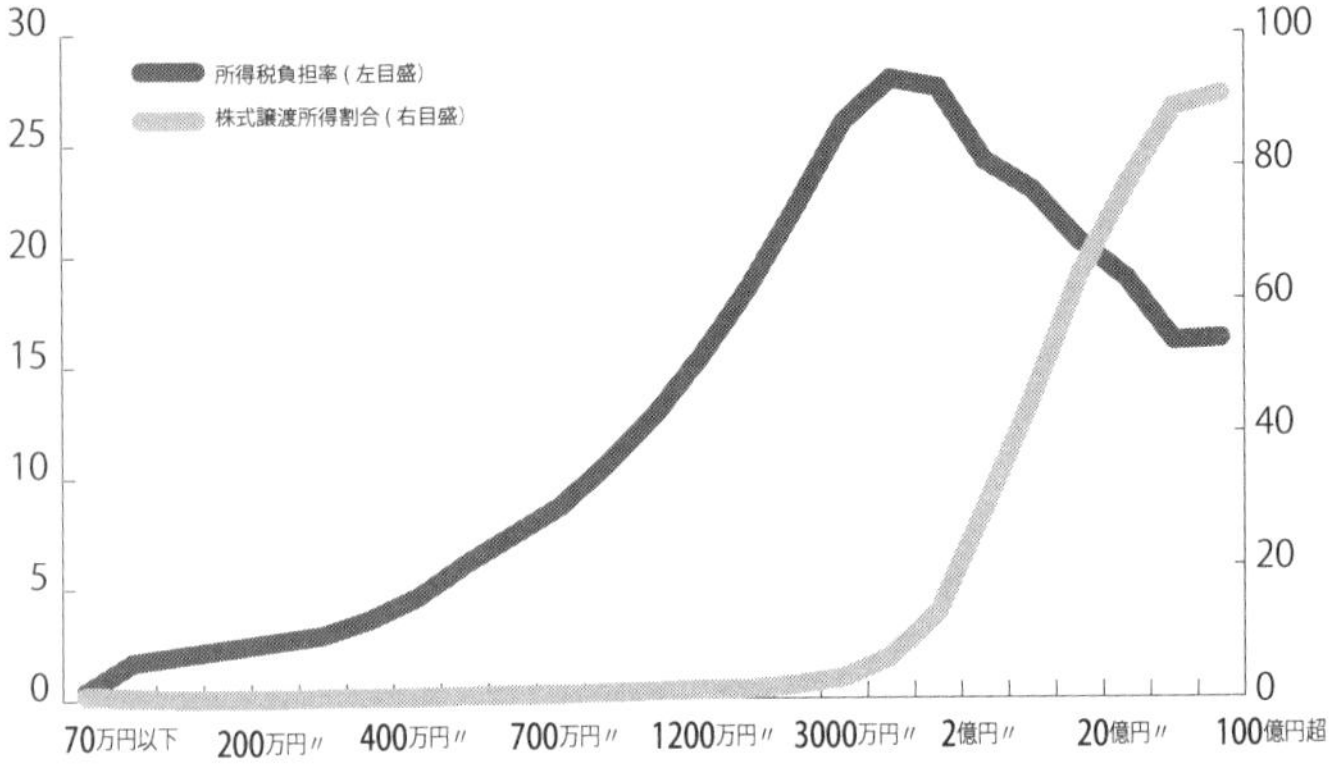

出典：国税庁「申告所得税の実態」（2021年2月26日発表）より小池晃事務所作成（単位：%）
2021年6月7日　参議院決算委員会　日本共産党　小池晃

〇一四年、それまでの一〇パーセントから二〇パーセントに引き上げました。しかし海外では三〇パーセントが常識です。さらなる税率引き上げを求めてきましたが、菅政権は拒否をし続けています。それどころか、今年度の税制改正では、ファンドマネージャーなど高額所得者に対する税制優遇措置が盛り込まれました。世界の流れとまさに逆行しています。

――所得税は所得一億円が最高税率で、それ以上稼ぎが増えると下がっていきます。この問題はどうお考えですか。

大門：上の図は二〇〇六年に私が初めて作った資料です。今では財務省やＯＥＣＤでも使われています。

所得階層別の税負担を示すグラフです。

上の線が所得税の負担率ですね。累進課税ですから、所得が増えていくと負担率も上がるはずなのに、所得一億円を超えるあたりから負担率が下がってくる。これはなぜなのか。グレーで下からはじまる線は、所得に占める株取引の割合です。所得三〇〇〇万円くらいまでは、役員報酬を含めた給与所得がほとんどですが、一億円を超えると所得のほとんどを株取引による所得が占めてくる。その株の取引が二〇パーセントしか課税されない。だから負担率が下がっていくわけです。実は「自民党」の税制調査会でも、金融所得課税の税率引き上げは課題になってきました。「拒否しているのは菅首相自身だ」と、関係者から聞きました。株で大儲けしている人たちに適正に課税するのは当たり前の話です。公平な負担という点からも、税率引き上げを強く求めていきたいと思います。

――法人税の実質負担率も年一〇〇〇万円以下の企業が一三・五パーセント、一億～一〇億円以下が一九・六パーセントなのに、一〇〇兆円を超えると一三・〇〇パーセントに下がります（次ページ図）。この不公平是正については、いかがですか。

大門：おかしいんですよね。大企業になるほど負担が減っていき、小企業と負担率が変わらなくなる。それは、研究開発減税などの大企業優遇税制があるからです。特に研究開発減税はトヨタだけで数百億円という巨額の減税です。もはや研究開発促進とは名ばかりの、大企業への補助金と化しています。

大企業と中小企業の実質税負担
企業規模別の法人税実質負担率（2017 年度）

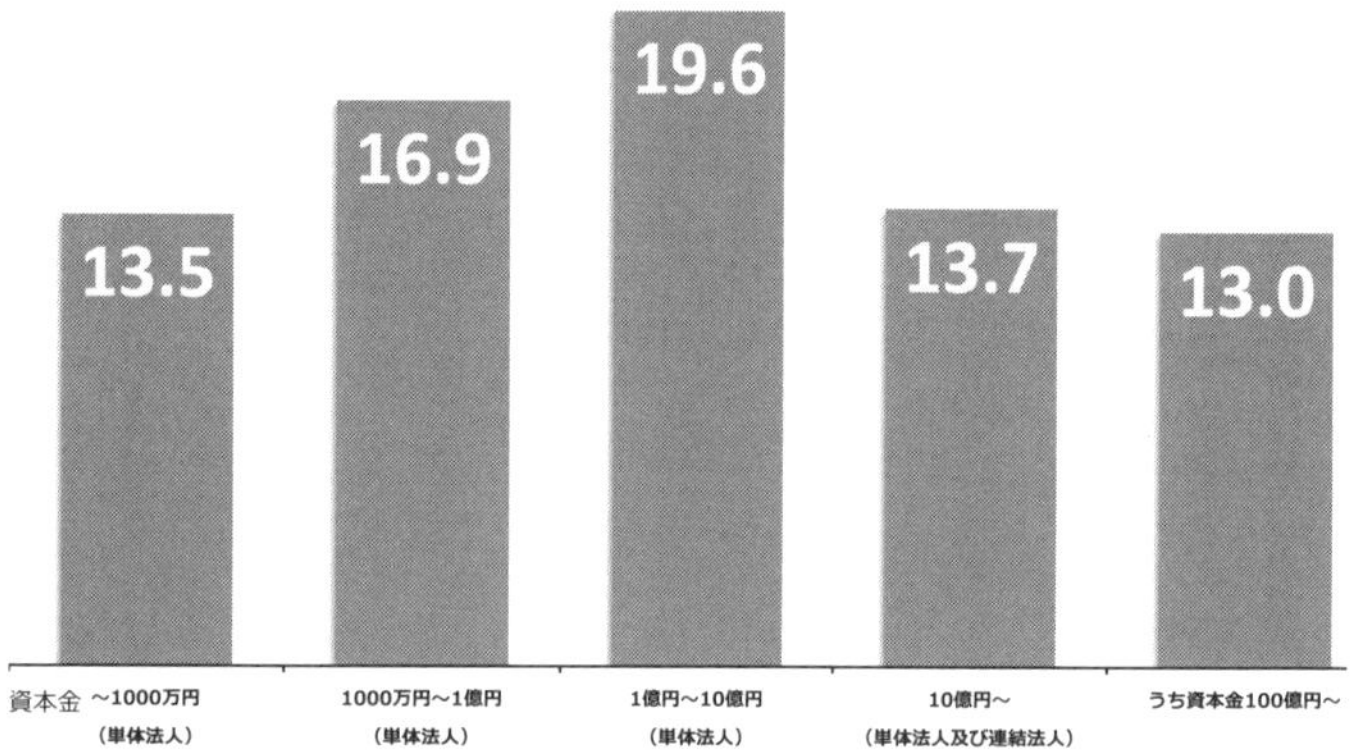

2021 年 3 月 8 日　参議院予算委員会　日本共産党　大門実紀史　資料⑤
出所：財務省提出資料より大門事務所作成

アベノミクスは「異次元の金融緩和」

――アベノミクスから八年になりますが、今どのように総括されていますか。

大門：手前味噌ですが、そのことを書いた著書があります。『カジノミクス――「カジノ解禁」「アベ銀行」「年金積立金バクチ」の秘密』（新日本出版社）です。安倍晋三さんは「三本の矢」などと言っていましたが、その中心は「異次元の金融緩和」でした。あとは野となれ山となれという、博打のようなリスクの高い金融政策です。だから拙著ではアベノミクスではなく、「カジノミクス」と呼びました。

「異次元の金融緩和」とは、安倍晋三さんが、日銀総裁に黒田東彦《はるひこ》氏をすえてやらせた、「黒田バズーカ砲」とも言われた大規模な金融緩和のことです。日銀は市場にある国債をバンバン買い、代わりにお札を印刷して市場に供給しました。この緩和マネーは、冷え込んだ実体経済には回らず株式市場に流れ込み、株価を吊り上げました。経済界が安倍政権を評価する最大の理由は、株価を上げてくれたことです。富裕層の資産は膨れ上がり、企業の資産の含み益も急増しました。安倍政権は株価が下がりそうになると、日本銀行に株（ＥＴＦ）を買わせ、私たちの年金積立金（ＧＰＩＦ）さえも株につぎ込んできました。安倍政権そのものが株価至上主義の権化と化していたのです。大規模な金融緩和は円安を誘導し、輸出大企業を支援することにもなりました。

アベノミクスは、富裕層や大企業にとっては大成功の政策と言えるでしょう。しかしその間に、非正規雇用は拡大し、実質賃金は上がらず、格差が広がりました。

また日銀が大量に購入した国債は膨大な額にのぼり、事実上の財政ファイナンスになっています。国の借金を中央銀行が引き受けるというのは、タコが自分の足を食っているようなもので、そんなことを続けたら、どこかで破綻するに決まっています。しかし国債を売ると価格が暴落するおそれがあるので、売るに売れない。日銀は出口のない世界にはまり込んでしまっているのです。

――出口戦略はあると思いますか。

大門：私は「異次元の金融緩和」に入るときから黒田さんに、踏み込むと出られないよ、出口はないよと警告しました。ここまでくると「出口」は見えません。しかし正常化に踏み出すことはできます。私は日銀に対して再三にわたり、正常化の道に踏み出すよう求めてきました。その方法は第一に、日銀が政権に隷属する姿勢を改め、国民のための中央銀行として再出発することです。第二に、物価上昇目標二パーセントをただちに取り下げることです。もはや二パーセント目標など何の意味もありません。日銀を自縄自縛《じじょうじばく》にし、政策変更を妨げているだけです。第三に、国債保有残高を減少させる方向に明確に舵を切ることです。第四に、巨額に保有した国債とＥＴＦなどについては、市場への長期的な売却計画をはっきり示し、市場や国民との意思疎通、理解の促進に尽力すべきです。長期保有の投資家を優遇して日銀保有株を購入してもらう措置も検討するべきでしょう。第五に、「空売り」規制等の特別措置を設け、日銀が国債の売却を開始した際に、国債暴落で儲けをねらう投機筋の動きをけん制することです。

税は応能負担原則で

――「日本共産党」は二〇一九年の参議院選挙後から、消費税を五パーセントに減税すると掲げています。その経済効果と、減らした五パーセントぶん、一二・五兆円の財源をどうするのかをうかがえますか。

大門：歳出・歳入改革を通じて、財源を捻出します。

まず触れておきたいのは、消費税減税に向かう世界の流れです。コロナ禍のもと、世界では六一の国と地域が、何らかの形で消費税（付加価値税）の減税を実施しました。消費税減税は、その日から買い物が安くなりますので、国民への給付金と同じ効果があります。また、消費税はお客さんからもらえようが、もらえまいが、計算して粗利益の何パーセントかを支払えという仕組みですから、中小事業者には負担が大きい税金です。減税はストレートに納税額を減らすことになり、中小事業者の方々の支援にもなる。コロナ対策として非常に有効です。だからこそ、まずやるべきだと。

財源ですが、一つは、税のあり方を応能負担の原則に戻していくこと。大儲けしている富裕層や大企業への課税で相当の財源が確保できます。二つ目は、景気をよくして税収を増やすことです。財源論となると、どこから何兆円持ってくるといった話になりがちですが、経済で考える場合、一番大事なのは、景気をよくし、税収全体を増やすことです。経済は循環です。景気がよくなれば、減税したぶん以上の税収があるのです。

――「立憲民主党」は低所得者一律給付金をもう一度出す、消費税を五パーセントに減税、所得が一〇〇〇万円以下の世帯の所得税を一年間ゼロに、と提案されています。大門さんはどのようにお考えですか。

大門：どこまでも応能負担原則を貫くべきだと思います。その点では一定所得以下の方からは税を取らないというのはありうると思うのですが、それを一律所得一〇〇〇万円で線引きするかどうか。もっと正すべきところがたくさんあると考えます。

――日本はかつて一億総中流社会と呼ばれていました。小泉・竹中改革によって格差が広がったのかどうかは議論があるところですが、三〇年間で見れば、格差は確実に広がっている。格差是正をどのように進めていきますか。

大門：中間層が多いと言われた八〇年代から九〇年代初めには、二つの特徴があったと思います。一つは、税と社会保障による所得の再分配効果がある程度効いていた。もう一つは雇用が今に比べ安定していたことです。

ところが九〇年代半ば以降、所得再分配よりも、社会保障の削減、税のフラット化が進められました。そのことで格差が広がり、中間層が先細りしていった。また一九九五年には日経連（現在は経団連に吸収）が「新時代の日本的経営」を出し、それまでの正社員・終身雇用を基本にした雇用体系を廃止し、非正規雇用を拡大する方針を示しました。その方針に従って政府も規制緩和を進め、低賃金・不安定雇用の非正規労働を拡大しました。非正規労働者の拡大は正社員労働者の賃金抑制にも利用され、全体として賃金の上がらない時代になってしまった。
先ほども述べたように、格差是正のためには、応能負担原則による税制の見直し、社会保障の充実と賃金・雇用制度の立て直しを進めるしかありません。

国民の負担が減れば、経済はよくなる

——政府の「骨太の方針」に二〇二五年度のプライマリーバランス黒字化が堅持されていることについては、どうお考えですか。また大門さんの財政再建健全化についてのご意見をうかがえますか。

大門：骨太の二〇二五年プライマリーバランス黒字化を打ち出した背景には、財務省の増税戦略があると見ています。コロナ対策で、国の借金は一年分の予算額に匹敵するほど増えました。おそらく財務省は、庶民への増税でこの借金を埋めようと考えているのではないでしょうか。借金をこのままにしていいのかと国民に訴えるために、あえてプライマリーバランスの黒字化を強調したのだと思います。
コロナ対策はたとえ借金が増えても行わなければなりません。目の前で生きるか死ぬかで頑張っている人を助けるのは政治の責任です。コロナ対策で増えた国の借金をどうするかですが、財務省のように庶民増税で対応しようとするのは間違いです。経済回復の足を引っ張っ

てしまいます。この借金は特別会計にして、通常の国債の償還とは別に長期的に解消する方法を考えるべきです。

財政再建全体をどう考えるかですが、前提として、財政再建と国民生活をよくすることは対立するものなのかどうか、改めてよく考える必要があります。

これまで財務省は、子どもや孫に借金を遺していいのか、というキャンペーンを展開し、社会保障の削減や消費税増税を国民に押しつけてきました。財政再建のために国民生活の向上を我慢しろと言ってきたのです。しかし国民には負担を押しつけながら、先に述べたように富裕層や大企業には減税してきたわけですから、財務省が財政再建を本気で考えてきたとは到底思えません。実際、財政赤字は積み上がり、財政再建に失敗しています。

また国民にばかり負担を押しつけた結果、家計が圧迫されて消費が冷え込み、国内経済は停滞したままで、所得税や法人税の税収も落ち込みました。「負担増→家計の冷え込み→経済の悪化→税収減→負担増」という悪循環が、この二〇年くらい繰り返されてきたのではないでしょうか。この悪循環を断ち切ることが重要です。財政再建と国民生活の向上を対立物として捉えるのではなく、「国民の負担軽減、社会保障の改善（将来不安の解消）→家計を温める→経済の回復→税収増→社会保障の改善」という好循環を実現できれば、必ず財政再建にもつながります。

――消費税五パーセントにするとデフレになると言う学者もいますが。

大門：一般に消費税を減税すると、そのぶん物価が下がるわけですから、一時的に物価下落という意味のデフレになります。しかし物価を下げて家計を助けるのが減税の目的ですから、それは当たり前です。問題にすべきはデフレスパイラル、すなわち物価が一時的に下がるだけではなく、スパイラル（らせん階段）のように下がり続けて経済が縮小する事態になるかどうかですが、その心配はありません。むしろ諸外国の経験でもわかるとおり、消費税減税は家計応援につながり、消費を上向かせ、経済の回復に貢献します。経済が回復すれば、デフレではなくインフレの方向に物価は動くので、消費税減税によってデフレになることはあり得ないのです。

賃金を下げればデフレに陥る

――二〇一九年にニューヨーク州立大学のステファニー・ケルトン教授が来日し提唱してきたMMT（現代貨幣理論）が今もブームです。MMTをどうお考えですか。

大門：最近、「緊縮」か「反緊縮」かという議論がよく聞かれますので、この点を先に述べたいと思います。先ほど述べたように、日本の財務省は、国の借金が大変だ、大変だとキャンペーンを張り、国民に負担増と公的サービスの削減を押しつけてきました。いわゆる「緊縮」

路線です。長期にわたる財務省と自公政権による「緊縮」路線は、人々の将来不安を助長するとともに、我慢を強いて、暗い気持ちにさせてきました。そういう「緊縮」路線に対し、「反緊縮」を掲げてたたかうことは理解できます。財務省のバカヤローという意味では、大いに共感もします。

ただ、かれらの「緊縮」は裏表のある二枚舌政策であり、そこは正確に見ておく必要があります。なぜなら、国民には「緊縮」政策を押しつける一方で、大企業や富裕層には減税や数々の支援措置を大盤振る舞いし、かれらには明るい未来を与えてきたからです。つまり大企業や富裕層には「反緊縮」を行ってきたわけで、「緊縮」か「反緊縮」という問題の立て方だけでは、財務省の狡猾《こうかつ》さも新自由主義の本質も見抜けません。問題の核心は「緊縮」か「反緊縮」かではなく、誰のための政治なのかということです。このことを曖昧にしてこれまでの政治をただすことはできません。

そのうえで国の巨額の借金をどう考えるかです。目の前で困っている人を助けるのは政治の仕事です。財源がないから助けられないなどと言うべきではない。借金してでも人々を救う責任が政治にはあります。この点で、最近クローズアップされてきたのが、ケルトン教授の提唱してきたMMTです。簡単に言うと、国の借金とは返済に汲々《きゅうきゅう》とするような性格のものではないということを解き明かした理論だと理解しています。財務省のように国の借金が大変だと人々を脅しつけるやり方への反論としては、有効だと思っています。また国会の質疑でも申し上げましたが、ケルトン教授には心情的にとても共感しています。学者の方々は、どの立場からのどんな考えでも、自由に主張されるべきです。

そのうえで申し上げれば、日本のMMTを主張する方の中には、極端な方もおられます。国の借金はいくらしてもかまわないとか、お札をどんどん刷って消費税はすぐ廃止、国民全員に生活費を一律給付せよとか、あるいは、インフレになれば増税して沈静化すればいいんだ（生の経済はそんなに単純に動かない）とか。そこまで言ってしまうと、MMTは荒唐無稽な理論だと聞く耳を持たれなくなり、せっかく活用できる部分まで切り捨てられてしまいます。実際、国会でMMTを極端な形で主張する議員もいますが、政府側に「異端」扱いされ、聞き流されてしまっています。

またそういう極端な主張に少しでも疑義を挟むと、「おまえは緊縮派だ」とレッテルを貼られたり、「○○先生の本を読め」と感情的な反応が返ってくるのも残念に思います。MMTは新興宗教ではありません。ケルトンさんも残念がっているのではないでしょうか。


――MMTは、あくまでもインフレ率が制約になるということであり、そこを過ぎてまでお札を刷るべきとは言っていません。賃金がこれほどまで下がった要因の一つは、デフレスパイラルだと思います。消費税を減税するなどして、経済をインフレ基調に持っていくことが必要ではないでしょうか。「共産党」としては、適切な物価上昇率、インフレ率についてはどう考えていますか。

大門：わが党はそういう論立てはしていません。物価上昇という目標を立てること自体が的外れだと思います。なぜならこの二〇年間のデフレは、金融政策の結果ではないからです。二〇〇一年頃はデフレスパイラルがよく議論になりました。竹中平蔵大臣（当時）とよく議論したものです。わが党はそのときから、デフレの原因は、不況下で政府と財界が一体となって賃金引下げを進めたことにある。このデフレは賃金デフレだと明確に指摘してきました。

九〇年代初めのバブル崩壊で経済が長期不況に入ったときに、先ほど述べた日経連の「新時代の日本的経営」が出され、賃金引下げ路線が押し進められました。不況下でわざわざ賃金引下げ政策をやるとどうなるのか。不況ですからモノが売れなくなります。モノが売れないから企業はモノの値段を下げて売ろうとします。当時は「価格破壊」だの「ユニクロ現象」だの、企業がみんなでダンピング競争を始めた。ダンピング競争に打ち勝つにはコストを下げなければならない。賃金の押し下げ圧力が強まります。そんな折、日経連の要求に沿って、低賃金の派遣労働を増やす規制緩和が断行された。ただでさえ賃金を下げようとする圧力が強まっているのに、賃金を引き下げるような政策を出した。このダブルが効いて、実際に賃金は下降していった。賃金が下がればモノが売れなくなり、またいっそうモノの値段を下げようとする。そういう悪循環が長期のデフレを招いたのです。

二〇年前、デフレの原因が賃金引下げにあると主張したのは、政党としてはわが党だけでした。他の政党も多くの学者も、デフレは日銀が金融緩和に消極的だったことにある、すなわち金融政策の結果だと主張していた。しかしその日銀が黒田総裁に代わり、「異次元の金融緩和」という大規模な金融政策を行ったにもかかわらず、何年経っても自ら掲げた二パーセントの物価上昇目標を達成できていません。政府の審議会の委員をしていた著名な学者で、デフレは金融政策の結果だと主張していた人が、日銀が大規模な金融緩和をやっても物価が上昇しないのを見て、「賃金引下げがデフレの原因だ」と主張を変えたときはさすがに笑ってしまいました。デフレが金融政策の結果ではなく、賃金引下げ政策によってもたらされたことは、もはや明白になったのではないでしょうか。

物価の上昇自体が目標ではありません。人々のくらしがよくなって、経済が活発化し、その結果、物価が上がることが大事なのです。ですから、大事なのは物価上昇ではなく、賃金引き上げです。賃金は、労働市場の需給関係、労使の力関係、労働者の生計費、雇用関係などさまざまな要因で決まります。政府が主導的に関与できるのは最低賃金の引き上げです。安倍、菅政権のようなチマチマした引き上げではなく、アメリカやフランスで実施したような、大規模な中小企業支援と最低賃金の大幅引き上げをセットにした大胆な政策を実行することが必要です。

――菅義偉首相のブレーンであるデービッド・アトキンソンさんの中小企業淘汰論については、いかがですか。

大門：テレビ朝日の「朝まで生テレビ！」で、アトキンソンさんとご一緒したことがあります。お人柄はソフトな方ですが、言うことは極端ですね。日本の中小企業は生産性が低いから合併して大きくなれとか、数も半分でいいとか。学者や評論家の方というのは、他人より変わったことや飛び抜けたことを言わないと注目されないし、本も売れない。テレビにも呼ばれないのかもしれません。もとより、学者や評論家の方がどんな主張をされようと、本人の自由です。ただそういう方が政府のブレーンに登用され、自らの極端な主張を実行するとなると、登用した方を批判すると同時に、その方の主張も批判せざるを得なくなります。

菅首相はアトキンソンさんを成長戦略会議の委員に登用しました。アトキンソンさんは、中小企業の新陳代謝論を主張してきた方です。生産性の低い企業をつぶし、生産性の高い企業を生み出せば、経済は発展するというのです。財政制度等審議会が二〇二〇年一二月に出した建議には、アトキンソンさんの考えが反映されています。建議には「持続化給付金で中小企業への支援を続けることはモラルハザードを招き、新陳代謝を阻害する。だから持続化給付金や家賃支援給付金は打ち切るべき」と書かれています。実際、この建議に基づき、コロナが収束していないのに、持続化給付金や家賃支援給付金は打ち切られました。コロナ禍のもと必死で頑張っている中小企業に対し、「自力で耐えられないところはつぶれなさい」など、安倍首相でさえ言わなかったことではないでしょうか。

今大事なことは、コロナ収束まで、事業者をつぶさないこと、生き延びてもらうことです。そのほうが社会全体の経済コストもかからない。こんなときに中小企業の新陳代謝論を持ちだすこと自体、異常です。

需要と供給、両方を支えていく

――消費税の話に戻ります。導入当時は直間比率の是正と言われました。しかし二〇一五年、消費税が八パーセントの段階で消費課税による税収比率が三四・六パーセントでした。付加価値税の標準税率が二五パーセントのスウェーデンで三六・七パーセント、税率二〇パーセントのフランスの税収比率が三九パーセントです。八パーセントの段階で、すでにスウェーデンやフランスに匹敵していたのですが、これについてどうお考えでしょうか。

大門：今年度予算まで含めたベースですが、消費税による税収は、三三年間で四四七兆円でした。法人三税はその間に三二六兆円の減収。所得税・住民税も二八七兆円も減収した。法人税三税と、所得税・住民税の減収は、もちろん不況による減収もありますが、大企業や富裕層向けのさまざまな減税が行われた結果です。消費税の増収分は、法人税と所得税・住民税の減収の穴埋めに消えていった。消費税は社会保障の充実にも財政再建にも、使われなかったのです。

そもそも三三年前、消費税の導入時は、社会保障のためとか、財政再建のためという話はいっさいありませんでした。導入の目的は、直間比率の見直しでした。直接税を下げて間接税を増やしたほうが経済はよくなるんだと、政府や財界はさかんに宣伝していました。しかし直接税の引き下げと言っても、その中心は大企業や高額所得者への減税です。国民の不満が高まるのは必至でした。そこで九七年の三パーセントから五パーセントへの引き上げあたりから、社会保障のためとか財政再建のためという名目に言い換え始めたのです。しかし前述のように、消費税が社会保障の充実や財政再建に使われることはありませんでした。直間比率は、消費税導入時の八：二から昨年の六五：三五に大幅に変化しています。当初の目的であった直間比率の見直しだけは、達成されたのです。

ご指摘のように、税率が八パーセントの段階でも、日本の消費税の税収比率がスウェーデンなどに匹敵しているのは、日本のほうが景気が悪く、直接税収入が落ち込んでいること、また直間比率においても間接税の比率が高くなってきたからだと思います。

――小泉政権の頃から、サプライサイドエコノミーが言われてきました。経済学者の小野善康先生は、安倍政権、菅政権も小泉改革の延長線上におり、二〇一七年の段階で、いわゆる「人づくり革命」や「生産性革命」はサプライサイドエコノミーだと指摘されていました。小野先生は、今必要なのは総需要不足の解消だとおっしゃっています。大門さんはどう思われますか。賛同される場合、どう総需要不足を解消すればいいでしょうか。

大門：二〇〇一年に始まった小泉・竹中「構造改革」は、サプライサイドの改革と言われました。竹中さんは、新古典派経済学の「供給が需要を作り出す」というような考え方に基づいて、当時、供給側（企業側）が抱えていた不良債権を処理し、再スタートを切らせる。企業がよくなれば需要が生まれるのだと、答弁でもさかんに言っていました。私は企業も大事だが、今は家計が冷え込んで需要が生まれない状況なのだから、家計への支援が最も大事だと主張しました。しかし今の竹中さんを見ていると、経済理論というより企業中心主義が先にあって、後からサプライサイドの理屈をくっつけていたように思います。

小野先生の総需要不足論は、そのとおりだと思います。ただ、学者の方々が供給か需要かを議論されるのは自由ですが、私たち政治家が心しなくてはならないのは、需要と供給の両方が大事だということです。特に今はコロナで供給側も大変な事態に追い込まれていますから、需要回復と同時並行で供給側を支えていく必要があると思います。

――公共投資について、うかがいます。九六年には五〇兆円ほどあった公共投資は、小泉政権で大幅に減らされ、安倍政権で少し増やしたものの、今は三〇兆円程度になっています。そうした中、大きな災害が多数起きています。「共産党」は公共事業・公共投資についてはどのようにお考えですか。

大門：不要不急の公共投資は削減すべきですが、必要な公共事業はどんどんやっていくべきだと思います。防災対策の事業や福祉施設、公共住宅の建設など必要な公共事業はたくさんありますし、すでに構築されているものもリニューアルの時期に入っていますから、維持、補修の仕事も増加するでしょう。その際、中小の建設関係の事業者に仕事が回る発注方式に変えることも大事です。

――最後に今年の総選挙、来年の参議院選挙に向けた意気込みをお願いします。

大門：菅政権を倒し、野党と市民が力を合わせて、本気で国民の命とくらしを守る政権をつくりたいですね。今日はＭＭＴの話もありました。ＭＭＴを支持する方々とも大きな方向は同じなので、協力しながら、新しい経済のあり方を切りひらいていきたいと思っています。

「日本維新の会」国会議員団広報局長に聞く
藤田文武

ベーシックインカムと規制改革・減税でチャレンジ推奨型の社会を目指す！

藤田文武｜ふじた　ふみたけ
小選挙区（大阪府第一二区）選出、衆議院議員。日本維新の会
一九八〇年大阪府生まれ。筑波大学体育専門学群卒業。大阪府立の高等学校で保健体育科講師として勤務の後、海外でスポーツマネジメントを学ぶ。株式会社ＫＴＡＪ代表取締役を経て、二〇一九年、衆議院議員補欠選挙で初当選◎日本維新の会衆議院大阪府第一二選挙区支部長◎当選一回

――総選挙・参院選挙二〇二二で「日本維新の会」は、どのような経済政策を掲げられますか。

藤田：私は党の政権公約マニフェストプロジェクトチームと政務調査会の副会長として、いろいろ議論を進めてきました。「維新の会」は、「富」の創出は民間の仕事、「富」の分配や経済活動の環境整備は国家行政の仕事であると整理してきました。先日、衆議院選挙に向け、

「日本大改革プラン」という目玉の政策パッケージを発表しました。これは、アフターコロナの時代、どんな社会システムに変えれば経済が活性化し、格差が解消できるのかを考えたものであり、与党「自民党」の現状維持、微修正型の経済・社会保障政策へのアンチテーゼともなっています。中でも重要なポイントを、いくつかご説明します。

コロナ禍で、日本の社会保障やセーフティネット機能が脆弱かつ不公平であり、とりわけ有事にはきちんと機能しないことが浮き彫りになりました。そこで我々は、果敢なチャレンジを後押しする「チャレンジのためのセーフティネット」の再構築が必要と考え、その代表的手段としてベーシックインカムを政策提言に盛り込みました。賛否はあると思いますが、まずは議論を巻き起こしたいという意図があります。日本経済の最も深刻な問題は、フローが目詰まりしており、GDPがなかなか増えないことです。他方で、個人の預貯金にしろ、会社の内部留保にしろ、ストック（資産）がどんどん溜まってしまっている。ストックはあるのにフローがないという、この歪《いびつ》な状況を打破するため、経済の流れを制約しない「フロー大減税」をやっていこうというのが、一つ目の経済政策です。具体的には消費税・所得税・法人税の三税を一括して減税します。

二つ目が、規制改革です。私たちはこれまで、多分野で規制改革を行うことで民間の活力を最大限引き出そうと取り組んできましたが、それに対する政府、与党「自民党」の姿勢は非常に消極的です。個別の現場（ミクロ）における生産性向上は各企業の仕事であり、政治家や行政が手を突っ込むべきではありません。それよりは、社会保障制度を抜本的に改革し、企業がチャレンジできるセーフティネットを整えることで労働市場を流動化・活性化させ、全体（マクロ）として生産性の高いマーケットが実現できるように働きかけるべきです。そういった意味での労働市場改革を、私たちは目指しています。

消費税、所得税、法人税の効果的な組み合わせを

――「立憲民主党」は、消費税は時限的に五パーセントに引き下げ、政権を取ってから財源を見極めて、恒久的にするかどうかを考える。所得税は、一〇〇〇万円以下の世帯には一年間ゼロにする、と謳っています。「維新の会」の減税メニューについて教えてください。

藤田：選挙となると、消費税の上げ下げばかりが争点になりますよね。私はそもそもこれが問題だと思っています。一口に税金と言っても、種類はさまざまです。消費税、所得税、法人税の「フロー三税」のほかにも、固定資産税もあれば、相続税、タバコ税、酒税だってあるわけです。改革は、税制の全体を俯瞰して、体系的に行わなければなりません。私たちが考えているのは、消費税は時限的に五パーセントに下げますが、恒久的には八パーセントまで戻すこと。無駄な運用コストがかかっている軽減税率を廃止すること。やはり一度はベースの税率を下げるべきですし、軽減税率のような制度が混ざっているのは非効率だと思います。

「立憲民主党」の所得税についての主張は、私たちの後に出されたので、もしかしたら「維新の会」のプランを参考にされたのではないかと思うのですが（笑）、それはさておき、所得税は恒久的に減税し、今より大幅に手取り額を増やすようにすべきだと考えています。累進課税ではなく、フラットタックス（均等税）の仕組みを導入し、極力シンプルな制度を実現します。所得税を均等にした上で、ベーシックインカムや給付付き税額控除と組み合わせ、給与所得者の七五パーセント程度にあたる、年収七〇〇万円以下の方が実質所得税ゼロになるよう、設計し直したいと考えています。

法人税については、国際的には法人税の引き下げ競争に歯止めをかけるべく、下限を決めようという流れになっていますが、そもそも日本の法人税率は、この競争の土俵に上がれるほど低くありません。国際競争力の観点からも、法人税はもう少し下げるべきです。「維新の会」としては、消費税、所得税、法人税の三つの税率について、効果的な組み合わせを検討すべきだと思っています。

――今、所得税は、年収一億円を超えると下がる仕組みになっていますよね。法人税の実質負担率も、一〇〇〇万円以下の企業は一三・五パーセント、一億から一〇億が一九・六パーセントですが、一〇〇億円を超えると一三・〇パーセントと、一〇〇〇万円以下の企業よりも低くなってしまいます。この問題については、どうお考えですか。

藤田：税率の逆転現象、「逆累進性」の問題ですね。年収一億円を超える高額所得者では、利子や配当といった金融所得のほうが圧倒的に多くなってきます。そこが分離課税になっているために、高額所得者ほど税率が低く抑えられてしまうという不公平さがある。この不公平を解消するためにも、フラットタックスでベースの税率を下げつつ、逆累進性を是正する必要があると考えています。私たちの政策は、高額所得者に有利になることもなく、過剰な重税感も与えない、公平でシンプルな設計です。

法人税で一番問題なのは、租税特別措置だと思います。業界ごとに優遇措置、補助金、助成金などを政府の裁量で配っていることが、高いベース税率をいつまでも下げられない最大の要因です。租税特別措置は、すべてを暗記している人はいないのではないかと思うほど、種類が多い。導入時から状況が変わって不必要になっているものもあるはずなのに、途中でやめられず、既得権益化している。私は、租税特別措置はいったん全廃するぐらいの気持ちで改革し、ベースの税率を下げるべきだと思います。税制を公平でシンプルなものにするには、それが一番です。

個別の事情に一つひとつ手当てをしていった結果、制度が複雑化してしまったこと自体は、誰のせいでもなく、政治や行政における自然現象だと思います。ただ、それが積み重なって複雑化したのなら、一度立ち止まって作り直す。その上で、現状に照らした個別の事情に手当てをし直すというサイクルにしていくことが必要です。しかし、政府も与党「自民党」も、制度の再構築には非常に後ろ向きなんですよね。租税特別措置を全廃するなどと言えば、恩恵を受けている業界から総スカンを食らう。まさに「票」にかかわる大問題ですから。でも私たちは、そういう改革こそ、勇気を持ってやるべきだと思っています。税制においては、全体を下げるより、既得権益化した不公平な税制を全廃するくらいの改革が必要です。

挑戦のためのセーフティネットとしてのベーシックインカムを

――ベーシックインカムについて、うかがいます。「維新の会」のベーシックインカム政策については、福祉を切り捨てるためのものではないかとの声もあるようですが、制度設計の詳細を教えてください。

藤田：ベーシックインカムは、「チャレンジのためのセーフティネット」の最もシンプルな形だと思っています。ベーシックインカムを導入すると言うと、どうも二つの分類しかないと思われがちです。一つは、ベーシックインカムを導入する代わりに、その他の社会保障はすべて廃止するというような弱肉強食的な考え。もう一つが、既存の社会保障はすべて残し、プラスアルファとして一律の金額を配り、財源は国債で賄うという考えです。

私たちはいずれの立場でもありません。たとえば障がい者支援を考えてみてください。人によってあるべき支援の形は千差万別です。これをすべてベーシックインカムに置き換え、障がい福祉サービスは自己責任で受けてもらう、などということは不可能ですよね。社会保障全廃型のベーシックインカムというのは、そもそもあり得ませんし、これを真面目に訴えている学者の方もいないはずです。

私たちの考えるベーシックインカムは、現物支給の社会保障サービスである医療、介護、福祉、教育は、個別に改革は必要ですが、基本的には据え置く。ベーシックインカムによって同様の効果を提供でき、整理統合できるものはする。本丸となるのは、高齢者のセーフティネットとしての年金制度の改革であり、次が貧困層にとっての最後の砦、生活保護の改革です。

ベーシックインカムの導入により、中間層から低所得者層の方々の可処分所得を大幅に上げていく。これは消費を喚起する経済政策でもあるとともに、脆弱なセーフティネット機能を再構築する社会保障改革でもあります。私がこれを「再分配の仕組みの再定義」と呼ぶのは、そのためです。セーフティネットが社会全体を下から支えることでチャレンジがしやすくなり、前向きな活力が生まれていくような、ベーシックインカムを目指すべきだと思います。

――なるほど。現状の生活保護制度については、どう思われますか。受給申請のハードルは高いものの、申請が通れば、住宅扶助と生活扶助を含め、都心の場合は一三万円が給付されます。それ以上の収入を得ようと思うと難しく、いったん生活保護受給者になるとなかなか脱することができないと言われます。その点はどう改善しようとお考えですか。

藤田：生活保護制度には、いろいろな問題があります。今国会では、菅義偉総理と蓮舫参院議員のやりとりがとても象徴的でした。総理がコロナ禍における貧困について「最終最後のセーフティネットとして、生活保護がある」という趣旨の発言をされ、それに対して蓮舫議員が「生活保護に陥らないようにするのが政治の仕事ではないか」と煽《あお》りました。実は、どちらも制度の説明としては正しいことを言っています。確かに生活保護は、有事のセーフティネットには適していないし、一度入ったら抜け出しにくい。ひと言で言うと「狭く深い、抜け出しにくいセーフティネット」です。できるだけ狭く少なく受給者を選び、深く手厚く支援する。支援が深すぎるうえに、働くと減額されるので、働こうという意思がそがれて抜け出せない。トランポリンのようには飛び上がっていけない制度なんですね。

捕捉率が低いという問題もあります。生活保護水準以下の低所得者層の方で、生活保護制度を使っているのは約二割。八割の方は、貧しいのに制度に支援されていない、いわゆるワーキングプア状態に置かれています。働いているのに、働いていない人より貧しい。これが不公平感を生んでいるのです。基礎年金との関係で、年金受給者より生活保護受給者のほうが豊かになってしまうという逆転現象もあり、こういった不合理は整理すべきだと思います。

生活保護は、居住地域や家族構成など、さまざまな要素を総合的に判断し、受給額や受けられるサービスが決まります。主な内訳は、生活費にあたる「生活扶助」、住まいへの手当てをする「住宅扶助」、そして医療費が無料になる「医療扶助」です。生活扶助部分は、ベーシックインカムに吸収すべきだと思います。そうすることで、生活保護制度を使っていないワーキングプア層も救済できますし、既存の生活保護受給者たちも損をしません。住宅扶助については、公営住宅や空き家対策など、地方自治体の住宅政策を、国が財源支援を行いながら進め、受け皿を用意する。医療費は、生活保護の人だけでなく、それ以外の人を含めて改革します。年齢ではなく所得に応じた負担額に変更することで、一体的な改革ができます。こうしたシンプルな制度に変更することで、不公平感をなくすべきだと考えています。

税と社会保障の組み替え、行政システムの効率化で財源を捻出

――ベーシックインカムをやる、減税をやるというと、必ず財源はどうするのか、という反論が出てきます。財源の捻出の仕方をご説明いただけますか。

藤田：いくつかあるのですが、最も効果が大きいのは、税と社会保障を組み替えることです。先ほど申し上げたように、社会保障の一部はベーシックインカムと統合します。たとえば、税金で財源の半分をカバーしている基礎年金は、統合すればいい。現状、満額をもらえていない低年金・無年金の方が数百万人いらっしゃいます。その方たちに貯金がない場合、生活保護制度で救済するしかありません。この点だけとっても、年金制度は持続可能なセーフティネットになりうるのか、疑問が湧いてきます。持続可能なセーフティネット機能を再構築するという観点からも、基礎年金のベーシックインカムへの統合は合理的です。

児童手当や生活保護の整理統合、制度の組み替えを進めれば、ベーシックインカムの財源

を丸々どこかから追加で持ってくる必要はありません。もちろん、プラスアルファとして必要なコストはあります。そこは、先ほどお話しした不公平な税制の解消によって確保できると思います。

また行政システムを効率化し、無駄を省くことでも相当な行政コストの削減が実現できます。行財政改革は私たち「維新の会」が大阪で長年取り組み、実績を積み上げてきた得意分野です。それから、現行制度では、税など社会保障の徴収漏れが相当な額になっていると専門家も指摘しています。いわゆる税逃れ、社会保険料逃れですね。マイナンバーのようなインフラをしっかり運用しながら、シンプルな制度を構築し、公平で透明性の高い徴収が実現できれば、軽く一〇兆円を超える財源が出てくると試算しています。その他の例として、生活保護を適切に給付するために役所が行う不正防止の水際対策も挙げることができます。行政システムの効率化によって、こうした行政コストを下げることができます。

つまり、私たちが考えるベーシックインカムは、改革型なのです。最も重要なのは経済成長であり、改革によって生産性と流動性の高い社会をつくっていくことを目指しています。経済を成長させ、シンプルな税制と透明性の高い制度インフラで公平な捕捉が実現できれば、税収は必ず増えます。財源については、専門家にも入ってもらい、かなり細かいシミュレーションを積み上げた結果、十分に実現可能だと考えています。

すべての力の源泉は民間にある

――欧米はコロナで経済がいったん落ち込みましたが、今はV字回復を見せています。なぜ日本経済はコロナ不況から脱出できないのでしょうか。脱出には何が必要とお考えか、お聞かせください。

藤田：コロナ禍を乗り越えて経済を活性化させるには、まずは感染拡大を収束させなくてはなりません。現政府の最大の問題は、有事の法整備がないのに、そのことに真正面から取り組もうという姿勢が皆無であることです。今回の危機だけでなく、今後同様の感染症や災害が起きた場合に備え、有事の法整備を整える必要性があります。

私が最も危惧しているのは、各国で感染が収束して経済優先になっていく中で、日本もなし崩し的に収束したことにするという流れに陥ることです。そうなってしまっては、この一年半のコロナ対策の教訓や反省をまったく活かせない、ダメな政治としか言えませんよね。

政府が撤回したとはいえ、西村康稔《やすとし》経済再生担当大臣の対応のまずさで炎上した酒類を販売する飲食店への対応は、法的根拠のない要請でありながら、取引業者や金融機関、行政にプレッシャーをかけさせるという非常に傲慢なものでした。よく言われるように、休業要請と補償はセットであるべきです。法的裏付けをしっかり整えた上で、事業者の方たちにはスケジュールと経済支援を明確に伝え、準備をしていただく。現政府は、そういう当たり前のことができていない。またコロナ禍で、多くのみなさんが将来への不安を抱えています。将来不安を少しでも取り除き、多くの人が次のチャレンジに向かえるよう、覚悟を決めてセーフティネット機能の再構築に取り組むべきだと思います。

財政出動に関しては、私自身はネガティブには捉えておらず、こういう危機的状況下でこそ行うべきだと思っています。GDPギャップ（一国の経済全体における総需要と供給力の差）が直近で三〇兆円ほどありますから、ここは時期を見て、積極果敢な財政出動を行って経済の後押しをしながら、同時にアフターコロナの産業構造転換を進めるべきです。私たちは国政では与党ではありませんが、国会議員の一人として、政治が後手後手になっているとのご指摘をよく受けてきました。ご批判はその通りであり、事業者や生活者が本当の意味で将来に希望を持てるような政策提案やスケジュール提案を、先手先手で行っていかなければならないと思います。

――積極財政にネガティブではないとおっしゃいましたが、「維新の会」は身を切る改革と謳っており、緊縮路線なのではないかと思われています。それについてどうお考えですか。

藤田：かなり誤解されていると感じます。「維新の会」はもともと地域政党「大阪維新の会」として、大阪を改革するということでスタートしました。地方行政には通貨発行権がありませんから、一般企業と同じく、入と出のバランスをとらなくてはならないのは当たり前です。

徹底的に無駄を省き、浮いた財源を将来に投資するというシンプルな改革で実績を出してきたために、そう誤解されているのかもしれません。ただ、私たちが唱え続けてきた「身を切る改革」というのは、積極財政か緊縮財政かという話ではないのです。

身を切る改革は、政治改革です。身を切るのは自分たち、政治家に厳しくやりましょうということです。改革を進めるためには、政治家一人ひとりが議員の立場にしがみつくことのない、強い姿勢が必要です。たとえば議員定数の削減は、自らの身分を奪うことにつながりますが、国民のみなさんが苦しんでいるのだから、あえてそれをやろうというのです。透明性を重視するため、国会議員に支給される文書通信交通滞在費を使ったら領収書を公開しましょう、とも言ってきました。セコいことはできません。「維新」以外の政党は、こうした取り組みには非常に消極的です。みんなイヤなんですよ。人間は、ちょっと油断するとどんどん自分に甘くなります。だからこそ、政治家改革としての「身を切る」姿勢が重要であり、私たちは結党以来のアイデンティティとして大切にしてきたのです。

――この三〇年で格差が広がったと言われています。小泉内閣が広げたとの議論もありますが、どのように是正すべきだとお考えですか。

藤田：私自身は小泉改革悪玉論のような主張には賛同しませんが、その後の経済指標を客観的に評価すると、政策的には反省すべきところがあると思います。その前に整理しておきたいのが、よく言われる、経済成長をとる（成長重視）のか、格差解消をとる（分配重視）のかという議論です。私はこれからはそうした二元論ではなく、経済成長と格差解消の両方を実現する政策設計をすべきだと思っています。格差については今後、資産格差が不公平な税制や世代間格差にもつながる、注目すべき論点になってくると思います。

また、今後はＡＩをはじめとするテクノロジー技術が急速に進化し、産業構造が大きく転換します。こういう時代には、もともと資本のあるところに富が加速的に集中するという現象が必ず起こる。だからこそ、セーフティネットとしての再分配をシンプルな仕組みで行えるようにすべきで、ベーシックインカムや給付付き税額控除はその手段として有効なのです。ハコモノ行政につきものだった中抜き、恣意的な裁量行政を極力減らして民間の活力を最大化させ、そのことで広がったパイを分配していく。すべての力の源泉は、民間にあるという考え方にシフトするべきだと思うのです。

——「立憲民主党」は政策の柱として一億総中流社会の復活、つまり分厚い中間層を取り戻すべきだと主張されています。「維新の会」はどうでしょうか。

藤田：「立憲民主党」は、たくさん稼いでいる方から取れるだけ取って、貧しい人たちにはとにかくばら撒こうという発想なのかもしれませんが、私たちが目指すのは、ベーシックインカムなり給付付き税額控除を土台としたチャレンジのためのセーフティネットの構築です。

新しいことに挑戦して失敗したとしても、すぐに戻って来られるような環境をしっかりと準備しよう。そして、頑張った人やリスクをとって挑戦した人が成功したら、その分ちゃんと報われる社会を実現しよう、と。稼いだ人からとにかくもぎ取って、貧しい人に分配するだけではないんです。稼いだ人にはどんどん豊かになってもらい、社会全体をけん引してもらう。これからの時代は消費をいかに喚起するかが大事で、その意味での中間層の復活には賛同しますが、政策コンセプトとしてはあくまで「チャレンジ推奨型の社会」を明確に目指すべきだと思います。

――始まって八年のアベノミクスについては、現時点でどう総括されていますか。

藤田：アベノミクスの三本の矢は金融緩和、財政出動、そして成長戦略でした。そしてその成長戦略の柱を「規制改革」に据えていた。金融緩和と財政出動は、選挙の洗礼を受けずに決定できる政策であり、政治的ハードルが比較的低い。どの政権でも実行できるものです。だとすると、安倍政権が取り組むべき本丸は、成長戦略や規制改革だったはずです。金融政策で環境を整え、財政出動で背中を押し、規制改革や成長戦略で足腰の強い産業構造をつくっていくというのが本来のストーリーだった。しかし、この規制改革の多くは骨抜きになり、まったく進まなかったと言えるほどです。

最近では、農地の法人事業の例がわかりやすいでしょう。農業分野での国家戦略特区の指定を受けた兵庫県養父《やぶ》市の取り組みが非常にうまくいったので、この事例を横に展開していけば全国に広がっていくのではないかと期待されていたのですが、全国展開は国に否定されてしまいました。農水省も農協も、本音としては大反対だったのです。「自民党」の農林部会に至っては、族議員たちが「そんなとんでもないことをやるな！」という決議文まで作成し、寄ってたかって、全国展開をやめさせた。規制改革には、こういう骨抜き事例が山ほどあります。ですから、アベノミクスについては一本目、二本目の矢はそれなりに効果を上げたけれど、三本目はまったくダメだったというのが、私の評価です。

――「維新」が主張する成長戦略とは、どのようなものでしょうか。

藤田：根本的には、民間活力をいかに最大化させるかに尽きます。各業界でイノベーションや新規参入の足かせになっている規制を大改革し、民間のポテンシャルを解放していく。そして、労働市場の改革を進めて流動性をもたらし、生産性の高い経済を実現する。これと、先ほどお話ししたフロー減税やベーシックインカムを合わせたものが、「維新」の考える日本大改革プランであり、新しい時代の成長戦略です。

現政府がデジタルとグリーンに注力しているのは、正しい方向性だと思います。この分野で日本は世界のトップランナーにならなくてはなりません。特に脱炭素社会、カーボンニュートラルはもはや国際的コンセンサスであり、産業としても大きな可能性を秘めていますから、遅れをとることは許されません。しかし日本は今、デジタル分野においてもグリーン分野においても技術開発や基礎研究で中国やアメリカの後塵《こうじん》を拝しています。もっと民間活力を最大化するようなインセンティブ設計を政策に取り込むべきですし、技術開発や基礎研究で世界一を取りにいくというくらいの野心的なビジョンを、政府として掲げるべきだと思います。

財政健全化は経済成長によって進めるべき

――ニューヨーク州立大学のステファニー・ケルトン教授が二〇一九年に来日し、MMT（現代貨幣理論）についての講演を全国で行った影響で、いまだに書店の経済学コーナーにはMMT本があふれています。MMTについてはどうお考えですか。参考にされた点があれば教えてください。

藤田：日本でトレンドになっているMMTは、ケルトン教授らがおっしゃっているMMTの源流からずいぶん飛躍して伝わっていて、ミスリードが起きているように感じています。国家が財政破綻することはないから、国債を無限に刷りまくれ、配りまくれと言う方までいる。MMTというのは正しくは、財政規律を考える際にはインフレ率を重視しましょうということであり、それにJob Guarantee Program（就業保証プログラム）と呼ばれる雇用政策を組み合わせて理論構築されています。

私は根本的に、実体経済を浮揚させなくてはならないと考えており、金融政策と財政政策だけでは成長の十分条件にはならないと思っています。MMTに関連し、日銀は政府の子会社だから資産と負債を一体のものとみなしてよいという統合政府バランスシート理論もありますが、これは半分正しく半分間違っていると思います。

MMTに基づき、仮に大規模な財政出動をして国債が積み上がった場合、その担保は日本国の信用・信頼ということになります。日本社会の安定度と経済のポテンシャルが問われる。社会の変化に合わせて産業構造を転換し、デジタル化やグリーン化も果たしながら、適切な分配が行われて経済が成長軌道を描いているのか。持続可能な社会になっているかどうかが信用の源になるのですから、実体経済が真に足腰の強い状態であることが絶対に必要です。実体経済についての議論を、今こそ腰を据えてやるべきだと思います。

――表現が若干曖昧になりましたが、「骨太の方針」に二〇二五年度のプライマリーバランス黒字化が明記されました。プライマリーバランスについては、どのようにお考えですか。

藤田：二〇二五年度のプライマリーバランス黒字化というのは、実際にはかなり厳しいですよね。でもそれを明記し続けるというのは、増税の一つの理由として使えるようにしておきたいという狙いがあるのでしょう。プライマリーバランス黒字化や財政健全化を最優先事項に位置づけるべきかというと、私は経済成長を捨ててまでやるべきではないと思います。財政健全化は経済成長によって進めていくべきです。

骨太の方針やそのスケジュールを見て思うのは、ポストコロナの日本経済がどうなっていくかの現実的な予測と、それに伴うスケジュールの見直しを丁寧に行うべきだということです。都合よく数字を合わせたり、ごまかしたりする必要はありません。現政権は、たとえば年金の財政シミュレーションなどで、達成できそうにもない成長率を計算式に盛り込んで提示してきますが、それって普通に考えれば、不誠実ですよね。よい面も悪い面もちゃんとさらけ出して、真っ当な議論をする姿勢を政治家は持たなくてはいけません。

骨太の方針についてもう一つ指摘したいのは、単年度計画であるという問題です。骨太方針に少しでも文言が入れば、各省庁が概算要求で、予算がとりやすくなったり、与党の議員が陳情に応えやすくなる。そうした政治的思惑に基づいて毎年の予算が作られますが、決算時の評価はほとんどなされず、また翌年新たな骨太の方針ができあがる。毎年ローリングしているだけなのです。骨太の方針には、中長期の国家ビジョンは存在しない。これが今の政治の根幹にある問題です。企業にしても、普通は中長期のビジョンをまず立てて、そこから逆算してその年度にやることを決めるものです。しかし、政府や「自民党」には中長期の国家ビジョンがないので、骨太の方針と予算を一年単位でローリングすることしかできない。私たち「維新の会」は、社会の全体像を中長期的にどう組み替えていくかを提示したい。これこそ、現政府・与党「自民党」にはできないことです。

――アメリカはトランプ政権からバイデン政権に代わりましたが、バイデン政権の経済政策で参考にしている点、よくないと思う点はありますか。

藤田：私はアメリカ政治が専門ではないので、バイデン政権の経済政策で認識しているのは三点ぐらいです。一つは、ワクチン接種を推進して経済を早期再開させようという政策。二つめは、積極財政は継続しつつ、中間所得層以下の人にきちんと分配するという分配重視の政策です。最後に、格差是正や資産バブル抑制のため、富裕層からしっかり税金を取るという政策で、ここがトランプ政権と最も違うところだと思います。格差解消のための所得再分配機能の強化や、資産への課税強化については、今後の動向を注目したいです。富裕層の資産への適切な課税や再分配機能の強化が、景気の活性化にどう影響してくるのか、アメリカのみならず諸外国の先進事例をベンチマークしておくべきです。

私は税で一番問題になってくるのは、「重税感」だと思うんですよ。税率の具体的な数字というよりも、むしろ不公平に多く取られていると感じること自体が問題です。私は民間企業経営者だったこともあり、税はマーケティングだと思っているんです。富裕層の方がいかにズルをせず、気分よく払ってくれるような制度にするかを考えるべきです。資産に多少課税されたとしても、その資産を有効活用すれば経済全体が活発になって流動化し、資産の価値自体が上がるような経済構造になっていれば、富裕層から文句は出ないはずです。トランプ前大統領は減税や規制緩和を相当やりました。分配を重視するバイデン大統領がどうハンドリングされるか、注視していきたいです。

セーフティネット論は「低欲望社会」における成長戦略

――小泉政権時代に、サプライサイドエコノミーが提唱されました。これは私の見解ですが、安倍政権も菅政権もそれを継続したと思います。しかし、菅直人政権のブレーンだった経済学者の小野善康《よしやす》先生は、今必要なのは総需要不足の解消だとおっしゃっています。これについてどうお考えになるかと、総需要不足の解消策をうかがいたい。

藤田：少し前に大前研一さんが著書『大前流心理経済学――貯めるな使え！』（講談社）の中で、現代の社会ではオールド経済学の常識が通用しなくなり、国民心理とかマーケット心理をうまく先読みしなくてはならないとおっしゃっていた話に、とても納得しました。日本にはモノがあふれていて、あらゆるモノがいつでも買えます。しかしそれを無限に消費する社会ではなくなってきているのが、今の日本だというのです。大前研一さんはこの現象を「低欲望社会」と呼んでいました。

その一番の原因は、将来に対する漠然とした不安だと私は思います。将来不安が蔓延する後ろ向きな国民心理というのは、やっかいです。セーフティネット機能が脆弱だからか、みんなとにかくお金を使わない。新たな投資が生まれにくい心理状況になっています。サプライサイドエコノミーは、これからの時代には成り立たないでしょう。成長したければ、国民心理を前向きにするしかありません。我々のセーフティネット論は、「低欲望社会」における成長戦略でもあるのです。人々がなぜお金を使わないのか、企業はなぜ積極投資をしないのか、その心理をちゃんと読んだ上で政策設計をしなければならないと思います。

――菅政権のブレーン、デービッド・アトキンソンさんの中小企業淘汰論については、どうお考えですか。賛成派・反対派の両方がいらっしゃいますが。

藤田：アトキンソンさんの主張については、彼が菅総理のブレーンということもあって注目していました。実は「維新の会」が主催する政党オンラインサロンのディスカッションテーマとして彼の著書を取り上げたこともあり、個人的にも興味を持っています。彼が主張の背景として認識している日本社会の課題についてはほとんど同意しますが、そのソリューションとしての政策提言には、いくつか疑問も感じます。

中小企業の新陳代謝を高める淘汰論や再編戦略、そして最低賃金についての考え方が注目されましたね。企業の新陳代謝は確かに大事です。ただ、それと同時にスタートアップや伸び盛りのベンチャー企業がチャレンジする上で、不利にならないよう注意深く設計すべきだと思います。

もう一つは最低賃金の話。アトキンソンさんはイギリスの事例をもとに、最低賃金を徐々に上げていくと同時に、中小企業を大規模化することで社会の生産性を上げようと主張されています。つまり最低賃金を押し上げることこそが経済政策になるという逆転の発想なわけですが、私はこれには違和感を持ちます。最低賃金を一〇円上げたからといって、平均所得が一〇円上がるわけではない。賃金水準全体がのびないという現在の構造自体が変わらなければ、意味がないと思います。実際、国が最低賃金を上げても、賃金水準の低い労働集約型の企業の多くでは、最低賃金周辺の層が厚くなる「張り付き現象」が起きるだけで、労働市場全体によい影響を与えていないのが実情です。もちろん、最低賃金は上げたほうがいいとは思いますが、やるのなら労働市場の流動化もセットにして、全体の水準を上げるべきです。そうして市場を活性化しながら、ベーシックインカムのようなユニバーサルなセーフティネット機能を国が準備し、再教育や就労支援を強化することが重要です。

――最後に、総選挙・参院選挙二〇二二に向けて有権者へのメッセージをお願いします。

藤田：「日本維新の会」はアフターコロナの新しい社会像を提示していくことに本気でチャレンジしたいと思っています。政権与党を全否定はしませんし、よくやっている部分もあると思いますが、政府与党の本質は「現状維持・微修正型の政治」です。不具合があればとりあえず絆創膏をベタベタと貼り、部分をツギハギする政治手法から抜け出せない。積み重なったしがらみや既得権益が大きな足かせになっているからです。私たちは現政権の手法を否定する以上、自ら政府のプランAに対抗するプランBをしっかりと提示し、こういう社会像を目指したいと国民に訴えることが必要だと考えました。そこで発表したのが「日本大改革プラン」という具体的な政策パッケージです。揚げ足取りやスキャンダルの追及ではなく、国民の未来のために真正面から議論する、そういう政治をやりたい。今回の総選挙、参院選挙はそのスタートだと思っています。

今後もさまざまなご意見をいただきながら、プランのブラッシュアップを図っていきます。新しい社会像の作り方を真正面から国民のみなさんに訴えかけ、それは私たち「維新の会」にこそ実現可能なのだと思っていただけるような選挙にしたい。引き続きのご支援をよろしくお願いいいたします。

参議院国家基本政策委員会委員長の
大塚耕平「国民民主党」代表代行に聞く

教育と科学技術に賢く使い、賃金の上がる経済を実現する！

大塚　耕平｜おおつか　こうへい

小選挙区（愛知県）選出、参議院議員。国民民主党
一九五九年愛知県生まれ。早稲田大学政経学部を経て、日本銀行に入行、金融政策の運営や経済分析等を担当◎日銀在職中に早稲田大学大学院博士課程修了（学術博士、専門はマクロ経済学）◎内閣府副大臣、厚生労働副大臣を歴任◎早稲田大学総合研究機構客員教授、藤田医科大学医学部客員教授◎著書に『3・11大震災と厚労省』『「賢い愚か者」の未来』など。当選四回

――本日は「国民民主党」の代表代行の大塚耕平先生にお話をうかがいます。次の総選挙、あるいは来年の参議院選挙に向けて、国民民主党はどういう経済政策を掲げられますか。

大塚：我々は「賃金が上がる経済」にしたいと思っています。日本の最大の構造問題は「働いても賃金が上がらない」こと。これが恒常化しています。真面目に働いて、実績をあげて

いれば、ふつうに賃金が上がる経済にしたいと思います。

――玉木雄一郎代表は三〇兆円を財政出動するとおっしゃっています。うち一〇兆円は消費税五パーセントへの減税、もう一〇兆円は一〇万円や二〇万円の現金給付、残りの一〇兆円は粗利補償に近い、減収補償です。それぞれ詳しく説明いただけますか。

大塚：消費税減税は最も直接的な家計支援であり、景気刺激策でもあります。また、その延長線上の政策として、コロナ禍で生活が苦しい人々は「所得保障」が必要です。二〇二〇年の春に国民民主党が真っ先に提案し、公明党も賛同してくれたので一律一〇万円給付が実現しました。その時にはコロナ禍がここまで長期化するとは予想していませんでしたが、まだ収束の見通しが立たないので、もうワンショット、現金給付をやるべきだと思います。但し、ここにきて考慮が必要なのは経済が二極化していることです。景気がよいところは、すごくいいです。輸出関係は典型ですが、内需関連でもコロナ禍でかえって業績が好転している企業も少なくありません。その結果、法人税収は好調で、二〇二〇年度の税収は過去最高になりました。苦しんでいるのは旅行業とか宿泊業です。小さな飲食業は休業支援金等で意外と潤っている先もあり、飲食業の中で二極化しています。つまり、旅行業、宿泊業、飲食業の中で、本当に苦しんでいる先の支援、減収補償が必要です。そうした対策に三〇兆円をしっかりと充てていきます。需給ギャップを埋めるためにもそうすべきです。三〇兆円という規模はほぼ需給ギャップ並なので、十分とは言えませんが、適当な規模だと思います。

――玉木代表が「一〇年間で一五〇兆円の財政出動をする！」という話をされましたが、詳しい解説をお願いします。

大塚：コロナ禍に入る前から、日本経済の問題の一つは需給ギャップです。とくにアベノミクスの下で「賃金が上がらない経済」が定着し、需給ギャップが恒常化、構造化していました。経済の自律的回復で需給ギャップが解消されるのが望ましいですが、需給ギャップが構造化してしまった日本では、自律的回復のエンジンがかかるまでは政策的に埋める必要がありまず。三〇兆円で一〇年ならば三〇〇兆円になりますが、今そこまで言い切るのは難しいと思いますので、当面は「需給ギャップを埋める覚悟」を示すという意味において、まずは一五〇兆円程度という規模が目標になり得ます。つまり玉木代表が言いたいのは「当分の間、需要を創造し、需給ギャップを埋める経済政策が基本であり、そのためには纏《まと》まったロットの財政出動が必要」ということだと思います。一五〇兆円はある意味で「覚悟」と「決め」を示す数字ですね。

――一五〇兆円で、どのような政策を考えていますか。

大塚：それが重要なポイントです。財政出動を推奨したケインズだって「支出対象は何でもよい」と言っていたわけではありません。「ワイズスペンディング」つまり「賢い支出」と指摘していました。過去三〇年、まさしく日本はその点を失敗しています。ケインズが登場した一九三〇年代や戦後復興と高度成長の一九五〇年代、一九六〇年代は公共事業が「ワイズスペンディング」だったわけです。公共事業そのものが悪いわけでも何でもなく、その時代、時代の「ワイズスペンディング」があり、過去三〇年は教育や科学技術に対する支出が「ワイズスペンディング」だったと思いますが、日本はそれができなかった。二〇〇〇年代の最初の一〇年間、つまり二〇〇九年に民主党政権ができる前にはその点を指摘していました。政権交代が実現したら、教育や科学技術に重点投資すると主張していたのです。つまり、人への投資を優先するということであり、公共事業が悪いわけではありません。プライオリティの問題です。教育や科学技術への「ワイズスペンディング」が奏効して経済が発展すれば、結局また新たなインフラも必要になり、公共事業の必要性も高まる。その好循環を生み出せていないのが過去三〇年の日本経済です。現在の局面でも、やはり「ワイズスペンディング」は教育と科学技術だと思います。結局、ここに辿り着きます。

――なぜ〝需給ギャップ〟が生じてしまうのでしょうか。

大塚：ポイントは二つあります。一つは、国民のみなさん、家計の消費が伸びないことです。

財布の紐が固いのは先行きが心配だからです。支出は常に抑制的にならざるを得ない。ひと頃は収入減もあって貯蓄率がだいぶ下がりましたが、最近また上がってきました。決して収入が増えたわけでも、豊かなわけでもありませんが、ついつい人生の先々に備えて貯蓄してしまう。これが一つ目のポイントです。

もう一つは、一九九五年（平成七年）から事実上始まっているゼロ金利政策です。二五年も続いています。国会議員に当選した当初から、日銀に対して「逸失《いっしつ》」金利収入について定期的に質問しています。かつては景気変動に伴って金利水準が上下したものの、だいたい金利の平均的水準は三〜五パーセントだったわけです。仮に金利が平均的な水準であれば、どのぐらいの金利収入がマクロベースで発生していたかを日銀に問うているのが逸失金利収入です。つまり、ゼロ金利政策、超金融緩和、異次元緩和によって家計が失った金利収入と言っていいでしょう。だいたい金利が平均的な水準であった一九九三年基準で算出すると、アベノミクスの途中の段階で逸失金利収入は四〇〇兆円を超えています。アベノミクスの期間を含む約二〇年間で四〇〇兆円の所得を失っているのですから、消費や需要が伸びるわけがありません。当然、需要不足、需給ギャップ拡大に陥ります。このように、大きくは将来不安に影響された支出抑制、金利収入の逸失による収入減少の二つがポイントです。

もちろん、賃金や所得が増える好循環の経済が実現できていれば、その二つも解消されますが、そうはなっていないのです。二つのポイントにプラスワンを付け加えるとすれば、企業の設備投資も抑制的な点です。日本企業や経営者の体質の問題も影響しています。欧米や中国と比べると、企業家精神、チャレンジ精神が乏しい体質も改善が必要です。コロナ禍によって日本が様々な分野で遅れていたことが白日の下に晒されましたが、日本企業や経営者の体質はその原因の一つでもあります。

――各党の会見を聞いていると、国民民主党が一番経済政策が充実していると思います。経済政策において、国民民主党が他党と違うユニークなところは、どこでしょうか。

大塚：例えば「ハイパー償却税制」などが象徴的ですね。結構大胆なことを言っているのですが、小さな政党なので取り上げられないのが残念です。「ハイパー償却税制」は、設備投資とりわけデジタル、EV、カーボンニュートラル等、日本の勝負どころとされる分野への設備投資に関して、投資額の一〇〇％、場合によっては投資額以上の償却を認めるという発想です。そうした分野に、年間数十億円、数百億年の規模では意味がありません。首相もカーボンニュートラル予算は二兆円と言っていますが、与党から様々な利害関係で予算配分に横やりが入り、結局具体的な支出先は小分けにされるという日本の悪弊です。こういう予算のつけ方では事態は好転しません。加えて、霞が関に政策先導力がなくなっていることも影響しています。与党の圧力や容喙《ようかい》に影響されているうえに、政策先導力の低下している霞が関が、世界に遅れをとる原因になっています。技術革新の最前線で戦っているのは企業やアカデミアの研究者や技術者です。「ハイパー償却税制」を導入して、自由で自主的な技術革新を促し、支援していくことが重要かつ喫緊の課題です。この点は総選挙や参院選でも訴えていきます。日本が現状をブレークスルーするための大事なポイントです。

他党との比較で特徴的な点の一つは以上の点です。もう一つ挙げるとすれば、先ほどの「ワイズスペンディング」に関わる点です。かつて、小泉純一郎元総理が「教育は米百俵の精神で」と主張しましたが、あいかわらず日本は米百俵の精神を反映するような教育政策には全くなっていません。国民民主党は「学校教育完全無償化」を目指します。高等教育も含めて、本来教育は国家が完全無償化を保証することが当然と考えます。とりわけ今の日本にとって一番重要な点です。北欧諸国は国の規模は小さいですが、一人当たりGDPも高いし、国連が発表している「幸福度ランキング」も常に上位に入っています。北欧四ヶ国（ノルウェー、フィンランド、デンマーク、スウェーデン）は常にベストテンです。北欧諸国では当然のように教育無償化政策が基本的に採用されています。自国に学びに来た外国人留学生に対しても保証します。そのことが結局、自国の学生も含めて「知のスパーク」や「よい競争」を生み、卒業後のビジネスにおける協業やネットワークにつながっています。日本に一番欠けている点です。米百俵以上の精神で教育政策に取り組まないと世界に遅れていきます。いや、もう既に相当遅れていますが、さらに差が開いてしまい、手遅れになります。日本の教育政策や教育格差は危機的段階に入っているという自覚が必要です。言いたいことはいっぱいありますが、冒頭申し上げた「賃金が上がる経済の実現」「ハイパー償却税制等を駆使した産業政策」「教育完全無償化への取り組み」はキッチリやっていきます。

――それだけ積極財政だと、他党から「財源はどうするのか？」と疑問が上がるはずですが、どうお考えですか。

大塚：私は日本銀行の出身ですが、退職前の頃から国会議員になった当初の時期、つまり一九九〇年代後半から二〇〇〇年代前半にかけて、「伝統的金融政策」から「非伝統的金融政策」の政策手段をマトリックス化した資料を作成し、学会発表や国会審議で使っていました。その中には、例えばマイナス金利という手段も入っています。退職前の一九九〇年代後半の頃は「マイナス金利なんて無理でしょう」という反応が一般的でしたが、現在は現実になっています。マトリックスに列挙した「非伝統的金融政策」の手段のほとんどは既に現実化しており、もはや残りの手段はあまりありません。言わば限界まで来ています。

現在の黒田東彦日銀総裁がやっている「異次元金融緩和」も「いったいどうやって収拾するのか」という段階まで来ています。既に三年くらい前から国会で指摘しています。考えうる対応には限りがありますが、例えば「日銀保有国債の一定割合を『永久国債化』する」ということです。議事録に残す必要があるので、あえて国会審議の中で言及していますが、この提案に対しても当初は「え？」という印象を持った人が多かったかもしれません。しかし今や永久国債化も現実味を増しています。現在、日銀は四〇〇兆円以上の国債を保有していますが、政府はこれを全部償還する必要もなければ、現実の財政余力を考えるとそもそも償還する能力はありません。つまり、もはやできないのです。そうなると、いわゆる「根雪」になっている部分を永久国債化することは現実的な選択肢です。「根雪」部分を二〇〇兆円と見るのか、三〇〇兆円と見るのか、その水準については判断と選択の余地があります。いずれにしても永久国債化によって元本償還負担から解放されるわけです。日銀保有国債の永久国債化、政府の償還負担軽減によって当面の財源は捻出できます。

日本の構造問題解決やコロナ禍脱却のための財源として、こうした工夫はもはや現実的だと考えます。既にそれに近いことをやりながら、表面上は従来の考え方を踏襲した財政健全化の方向性を説明してみたところで、全く説得力も信頼性もありません。私も元日銀マンですから「中央銀行の信用」という問題はもちろん気になります。しかし、既に日銀に対する「中央銀行の信用」は失墜しています。今は「中央銀行の信用」よりも先に解決しなくてはならない問題、「ワイズスペンディング」によって解決しなければならない問題があります。既に失われている「中央銀行の信用」を気にしてフリーズしたり、思考停止している場合ではなく、国のインフラとして「中央銀行機能」をどのように有効活用するかが問われている局面です。かつてはタブー視された「アマルガメーションアプローチ（統合政府論）」を現実的に適用し、財源を捻出することも必要だと思っています。

――旧民主党政権のことでうかがいたいのですが、二万六〇〇〇円の子ども手当など、鳩山由紀夫政権時代の予算編成はかなり積極財政でしたね。今、振り返れば鳩山民主党政権時代の経済政策で、「あの時、こうしていればよかった」ということはありますか。

大塚：二つありますね。一つは今ご指摘いただいた「子ども手当」も含め、やはり公約として掲げていたことを断固としてやるべきだったという点です。財源が何兆円単位で必要な政策もありましたが、公約として掲げた以上は国債を発行してでもそれを完遂すべきでした。全部とは言いませんが「高校授業料無償化」も含め、重要公約については財政赤字を恐れずに、国債を発行してでも、断固としてやるべきだったと思います。それをアッチから少し剝がして、コッチから少し剝がして、結局、公約の半額だけ実現するという対応が、支持率の低下につながったと思います。戦後初めての本格的政権交代が起きたのですから、財政出動を大胆に行うべきだったというのが、反省点の一つです。

もう一つは消費税への対応です。消費税引上げは総選挙の公約にして対応すべき政策課題です。次の総選挙の時に公約として掲げ、そこで堂々と国民のご判断を仰ぎ、晴れて勝利すれば、批判を恐れずに断行すればよいと考えていました。しかし、結果的に民主党政権はそのプロセスを間違えました。時の首相が「消費税引上げを断行すれば憲政に名を残します」と財務省から囁かれたかどうかは知る由もありませんが、次の総選挙で堂々と問うべきでした。「やればよかった」は二〇〇九年の重要公約の断行、「やらなければよかった」は次期総選挙を経ない消費税引上げ、この二つですね。消費税引上げ自体には私自身も反対ではありませんでしたが、次の総選挙で堂々と問うべきであり、政権の裁量的判断で行うべき課題ではありませんでした。この点は残念だったと思います。

――欧米はコロナ不況からGDPがV字回復しています。なぜに日本経済はコロナ不況から脱出できないのか、脱出するには何が必要でしょうか。

大塚：先ほどの所得や消費の話と関係しています。現在「K字回復」と言われていますが、企業、産業とも、業績が改善している先と、低迷している先に二極化しています。繰り返しになりますが、法人税収も増え、税収全体では二〇二〇年度は過去最高です。問題は、それが日本経済全体にフィードバックされているか、家計や勤労者に還元されているかという点です。冒頭「賃金が上がる経済」を目指すと言いましたが、欧米に比べると比較にならないほどフィードバックや還元の「パイプ」が細過ぎます。「K字回復」の「K」の右上の線が上向きになっている部分の効果が家計と賃金に及べば、それらは消費に回るはずです。経済のトランスミッション（波及経路）メカニズムが機能していない、あるいは壊れてしまっていることが、日本経済がコロナ禍からの立ち直りが力強くない最大の原因です。つまり、経済の循環システムが十分に機能していないのです。

――この三〇年間で拡大し続けてきた格差は、どう是正していけばいいのでしょうか。小泉純一郎政権が最大の引き金になったとも言われますが。

大塚：それも「賃金が上がる経済」に関わってきます。二点、申し上げます。一つは「賃金が上がる経済」を実現するために、企業収益が社員の給料や家計に波及していくためのトランスミッションメカニズムを組み立て直すことです。人件費比率によって法人税率の差を設ける等々、具体的な政策手段については工夫が必要です。もう一つは、所得税率の累進度を上げること等によって、所得再分配機能を高めることです。あるいは、法人税率を上げて財源を確保し、所得再分配に振り向けることです。これらの点は、米国バイデン大統領の一般教書演説の内容と重なる部分です。バイデンスピーチは非常によかったと思います。問題は、言ったとおりに実現できるかどうかです。それは日米共通のハードルであり、重要なポイントですね。

――米国のバイデン政権の経済政策で参考になった点は他にありますか。

大塚：バイデン大統領は一般教書演説で「格差を放置するべきではない」と明言し、「公平性を調整する局面である」という認識を述べ、企業や富裕層に堂々と税負担を求めました。非常によかったと思います。また、先ほど申し上げた「ハイパー償却税制」に関係しますが、バイデン大統領は産業政策についても大胆な言及をしました。対中国戦略ということも影響していますが、半導体等の重要分野の産業政策に「国策的」あるいは「国家戦略的要素」を色濃く出したことは参考になりました。私自身も常々そう思っています。企業や産業のプライオリティ付けを戦略的、政策的に行い、技術革新等の具体策については「ハイパー償却税制」等で自由で自発的な対応を促すという構図です。

私の世代、あるいは私たちより上の世代は「ケインズ」と「マルクス」に傾倒し、「資本主義」対「社会主義」という対立軸の中で経済政策を理解し、考えてきた傾向がありますが、今や共産主義国家の中国が「国家資本主義」を謳って自由主義経済体制の中で影響力を高めている状況です。「共産主義」の名の下に「資本主義」を行っているという二〇世紀の常識では説明できない状況です。一方、日本では自民党が表向きは「自由民主主義」を謳いながら「社会主義的」な政策を行い、日本の限界を露呈しています。もはや「資本主義」対「社会主義」というガラパゴス的対立概念では説明できない経済状況になっています。今や国家戦略として、あるいは国策として産業政策を行うことが必要な環境と局面に入っています。「それは自由主義に反する」と反論されるかもしれませんし、「規制緩和に反する」という視点から、竹中平蔵さん的立ち位置の人々からは批判されそうですが、もはやそういうレスポンスそのものが現実と乖離していると思います。

——今、お話に出た二点を詳しくうかがいたいのです。一つは、自民党が「社会主義的政策」というのは、どういうことか。二つ目は、竹中平蔵さんについてです。「小泉改革」以降は、「民主党」政権を除けば、竹中平蔵さんが常に経済ブレーンでした。自ら規制緩和を推進しておきながらパソナに利益誘導するなど、竹中さんの言動には問題点が多く、批判も受けやすい。

大塚：一点目ですが、自民党が本気で適切な社会主義政策を行っていれば、今とは違う社会や経済が構築されていたかもしれません。例えば社会保障制度について考えると、自民党は社会保障制度を「利益誘導的」に使った面があると思います。医療政策が典型例の一つであり、コロナ禍で問題点が浮き彫りになっています。膨大な医療予算を使ってきたものの、欧米よりコロナ感染者が桁違いに少ないにもかかわらず医療リソースが逼迫している状況は、そうした視点抜きには説明がつきません。

年金にも同様の傾向が指摘できます。公的年金制度を作ったのはよいけれども、それを「利益誘導的」な目的に悪用したとも言えます。厚生年金の保険料財源を不要不急のインフラ建設や厚労省官僚の天下り先の公的組織に回してきた歴史があります。二〇〇四年の年金国会で、一九七〇年代に年金担当の官僚幹部がある雑誌の中で「年金財源はドンドン入ってくるので、ドンドン使えばいい」という趣旨の発言をしていたことが明らかになり、物議を醸しました。ほかにも象徴的な逸話があります。昭和四〇年代後半（一九六〇年代前半）の大蔵省事務次官が退官した後に、ある雑誌の中で次のような趣旨のことを語っています。曰く「田中角栄首相は『社会保障が票田になる』と認識し、社会保障政策にそのような視点から取り組んだ」とのことです。時代的にも社会保障制度構築の必要性があったことから、田中首相のそうした対応がうまくはまったと言えます。田中首相は公共事業に注力した、公共事業の権化という印象が流布されていますが、調べてみると、公共事業予算を増やしたのは首相就任直後の補正予算だけです。翌年度の当初予算では社会保障予算が激増し、その年度から社会保障予算が予算の中の最大項目になりました。その過程で田中首相は「社会保障は票になる」ということを大蔵事務次官に対して語っていたようです。そのことを退官した大蔵事務次官が雑誌の中で述懐しているのです。そうした経緯を踏まえて考えると、医療政策や年金制度の中身、社会保障制度への予算投入も「利益誘導的」「選挙対策的」なバイアスがかかっていたと想像できます。その結果が今日の医療や年金の現実です。その歪みは日本の社会システムや経済システムの構造問題や予算の肥大化や硬直化の原因の一つにもなっています。これが、一点目の質問への回答です。

二点目の質問についてですが、竹中さんは「規制改革・自由化」を推奨し「硬直化した規制や制度に揺さぶりをかける」という論陣を張ってきたものの、結果論的に言えば、その一方で自分に関わる分野で「新たな規制」を創ったり「利益誘導的」と指摘されても仕方がない「規制緩和」を行ってきたと言えます。結局、本当の意味での「規制改革・自由化」にならなかったことは、経済や産業の現実が何よりの証左です。結果が全てを語っています。

——所得税、法人税の累進税強化に触れられました。日銀出身の大塚耕平さんには「釈迦に説法」だと思いますが、「所得税」は一億円をピークに、一億円を超えると逆に負担税率が下がっていく。「法人税」も、一〇〇億円を超えると、法人税の実質負担率が一三パーセントです。この状況をどう是正していったらいいでしょう。

大塚：実効税率をグラフにすると、高所得になるほど直線的に税率が上がっていくような税率曲線では高所得者の税負担実額が膨大になるためにやり過ぎのような感じがしますが、今よりは高所得者の実効税率が高くなるような見直しは必要です。しかし、現実の実効税率曲線は所得が一定額を超えるとむしろ税率が下がる、グラフが右下がりになる状況であり、この構造は是正が急務です。右下がりの部分を「跳ね上げる」必要があります。財政の現実を考えると、高所得者の所得税や高収益企業の法人税をもっと徴収させてもらわないと、社会保障も経済も立て直すことができない状況です。実効税率曲線は逓減《ていげん》的ながらも右上がりにせざるを得ないでしょう。だからと言って、いきなり税率を急変させると反発も大きくなりますので、段階的に行っていく必要があります。いずれにしても、傾向的には経済政策の方針、税制改革の方向性はハッキリしています。

――かつて同朋だった「立憲民主党」は年収一〇〇〇万円以下世帯への所得税を一年間ゼロにするという案を出しています。さらには「消費税五パーセント減税」「賃金引き上げ」、あと低所得者層への「現金再給付」、これが立憲民主党さんの、四つの柱です。

大塚：現行でも「非課税限度」がありますよね。それを引き上げることはわからないでもないですが、一〇〇〇万円から下は全部「所得税ゼロ」というのは、あまり現実的とは思いません。

――かつては「一億総中流社会」と言われて、大塚さんも、どうすれば「分厚い中間層」を復活できるか研究をされていました。再び、この日本で「一億層中流社会」を復活させるには、どうしたらよいと思いますか？

大塚：これも、冒頭の話に戻ります。そもそも「中間層はなぜ形成されてきたか」と問えば、それは「賃金が上がる経済」だったからです。「賃金が上がる経済」は勤労者や家計が「先々の支出計画を立てることが可能な経済」です。だから中間層が育ったと言えます。今は両方ともありません。「賃金が上がらない」そして「先々の計画が立てられない」という状態では「分厚い中間層」が形成されるはずがありません。だから、まずその二点を復元することが必要です。

「先々の計画が立てられる」ためには、社会保障制度も重要です。子育て支援や教育完全無償化を推奨する国民民主党としては、教育にも社会保障的側面があると思います。したがって、「先々の計画が立てられる」とは「老後の医療にどのくらいお金がかかる」「子育てにどのくらいお金がかかる」「子どもの教育にどのぐらいお金がかかる」ということが見通せるということです。子育て政策や教育政策には次世代を育てるという本来の目的もありますが、家計が「先々の計画を立てられる」ことにも寄与します。だからこそ「賃金の上がる経済」と「先々の計画が立てられる社会」の二点は復元、実現が必要です。加えて、子育てや教育に関する政策は、先ほど述べた産業政策的な面とも連動してきます。子育てや教育に予算を投じることは「ワイズスペンディング」であり、科学技術も新製品も生み出すのは人です。だから人を育てるためには子育て政策や教育政策が重要であり、小泉元首相が「米百俵の精神」と言っていたのは適切だと思います。問題は、主張は適切だけれども、主張したとおりに実行されていないことです。小泉首相が連れてきたブレーンである竹中さんが純粋に「規制改革・自由化」を実行し、その結果として「賃金が上がる経済」「先々の計画を立てられる社会」となっていれば、全体としての人材育成が実現したばかりではなく、技術革新に貢献できるギフテッドの保護・育成にもつながり、「知のスパーク」が生じてよい方向に進んだと思います。その当時から一五年も経っているのですから、今とは全然違う日本の姿になっていたでしょう。

――菅義偉首相のブレーン、デービッド・アトキンソンさんの中小企業淘汰論についてはどうお考えでしょうか。

大塚：実は今年一月に竹中平蔵さん、アトキンソンさんと、それぞれ一度ずつ番組でご一緒しました。私の目の前では竹中さんもアトキンソンさんも雑誌に書いているような淘汰論は語っていませんでしたね。そもそも「中小企業淘汰」という表現が適切ではないと思います。確かに中小企業の中には時代についていけていないところがあるので、そういう点は見直しと改革の努力が必要です。ただ、中小企業だけが悪い、遅れているという議論は間違っていると思います。竹中さんやアトキンソンさんの説明はそういう風に聞こえがちな面があると思います。しかし、日本の中小企業がそうなっている背景には、中小企業をそういう状況に追い込んでいる大企業の取引慣行とか、中小企業がそういう傾向になりがちな税制や政策とか、中小企業の後継者や人材確保のネックになっている社会の体質とか、中小企業の自己責任とは違う別の理由や原因も存在しています。大きくは大企業の取引慣行、中小企業をとにかく安く使い倒せばいいというような取引慣行が変わらないと、結局この傾向は続かざるを得ません。大企業が創造的な製品やサービスを生み出せず、結局コストダウンに依存し過ぎていることも影響しています。だから「中小企業淘汰論」ではなく「日本経済改革論」です。ドイツでは中小企業のことをミッテルシュタントと言います。ミュンヘンでBMWから取引先中小企業との関係をヒアリングしたことがありますが、BMWは彼らを下請けとは思っていませんでした。パートナーと考えています。ミッテルシュタントは日本で言う中小企業とは語感が異なります。大企業と対等な関係であり、中小企業の技術力には大企業も一目置いています。中小企業の淘汰が必要であるという切り口ではなく、中小企業がなぜ順調に発展していないのかという視点から問題を是正することが適切です。日本経済を支えているのは中小企業であり、その中小企業を淘汰すると主張することは本質を見誤っています。だからそういう意味では、巷間《こうかん》アトキンソンさんが主張していると言われていることは、表面的に過ぎるような気がしますね。

――アベノミクス、そして黒田バズーカからも八年が経ち、スガノミクスに引き継がれていますが、この八年をどう評価されますか。

大塚：彼らの主張、ロジックとしては理解できましたが、結果は主張したようにはなっていないのですから失敗ですね。主張は適切ではなかった、あるいは実行力が伴わなかったということになります。経済は結果の世界です。安倍首相は三本の矢と称して、一に金融緩和、二に財政出動、三に成長戦略を掲げました。実践したのは一本目だけですね。その一本目も、黒田日銀総裁ともども、マネタリーベースを二年間で二倍にしてインフレ率二パーセントを実現すると強弁し続けましたが、マネタリーベースを四倍以上にしても実現できず、現在は出口も見い出せない状況で、完全に失敗しています。マネタリーベースの天井が抜けたというか、金融政策の底が抜けたというか、酷い状態を放置して首相はいなくなり、日銀総裁は厚顔無恥に居直っています。

二本目の財政出動は、総花的、利権配分的小分け構造を変えられませんでした。それなりにボリュームは増やし、バラ撒いたけれども、結局「ワイズスペンディング」にはできませんでした。そして、三本目の成長戦略。これは先ほどからの説明内容、文脈でおわかりのように、一番大事な二〇一〇年代を浪費するような成長戦略、産業政策に終始しました。二〇一〇年頃の中国は今ほど高圧的な姿勢ではありませんでしたが、それは技術力で今ほどの自信を持っていなかったからです。だからこそ二〇一〇年代は結果的にものすごく大事な時期だったわけですが、結局アベノミクスは成長戦略の面において失敗し、今や中国の後塵を拝するような事態になっています。スガノミクスというものが何なのかはよくわかりませんが、アベノミクスの延長線ということでしょうか。まだ評価するには至りません。

――「骨太の方針」と、表現は曖昧ですが、二〇二五年度のプライマリーバランス黒字化が明記されましたがどうお考えですか。あと、大塚さんの財政健全化に関するご意見をお願いいたします。

大塚：二〇二〇年来、既に財政金融委員会で何度も麻生財務相に進言していますが、二〇二五年のプライマリーバランス黒字化目標は誰の耳にも嘘っぽく聞こえる状況ですから、それは少なくとも取り下げるとかね、二〇三〇年に目標を先送りするということでやむを得ないと思っています。さもなければ、コロナ関連予算は別会計化することも一案です。

民主党政権ができたときも、私は過去の財政赤字、つまり自民党政権下で蓄積した財政赤字と政権交代後の財政を別会計でカウントして頭の整理をするべきではないかという発言をして、週刊誌が大きく取り上げてくれたことがありました。今、コロナ禍に伴う財政肥大化、財政赤字拡大が起きて、同様の別会計化は一つのアイデアだと思います。それはオペレーションの透明性を増すことになると思います。財政の透明化は財政健全化に道筋をつけるものであり、出口戦略のヒントも出てきますので、コロナ勘定別会計化という対応はあり得る選択だと思います。

では今後の財政をどうするのだということが問われますが、現在の局面は、既に申し上げたように、日銀の保有国債を一部永久国債化してでも、財源を捻出し、今は使うべきところに使う局面です。しかし、将来世代のことを考えると、我々が財政健全化に全く無関心であったり、手を打たないわけではないということを内外に示すためにも、財政の透明化に腐心すべきです。まず国会に、経済見通しとか、財政健全化に向けた試算を行う財政小委員会を設けてはどうかという提案をします。二〇〇〇年代からずっと主張しており、一時財政金融委員会でも真剣に議論されたほか、その延長線上に議会に予算局を設ける案もありました。ここにきて、財政独立機関を国会に作るという超党派議連の動きになって、私も議連に入っています。手品のように財政健全化ができるわけではありませんが、もはや霞が関や与党に任せておけばよいという状況ではなく、議会が責任を果たし得るガバナンスの仕組みを作る必要があります。それは国会改革とも関連しています。参議院は良識の府として経済や財政の公的見通しを示して政府の予算編成を監視するという役割に徹し、党議拘束もかけず、閣僚も出さないという国会改革です。場合によっては、参議院が予算局と財政独立機関を擁して衆議院および政府に対して、一定の縛りをかける権能を持たせるということです。この構想は是非進めたいと思っています。財政健全化を三年後、五年後に果たすというのはもはや嘘っぽい話です。しかし、若いみなさん、次世代のみなさんに「心配しないで」と伝えるためにも、財政透明化の仕組みをつくり、二〇三〇年代以降に徐々に健全化を進めていくプラットフォームを作ることが必要です。やる気になればできると思いますし、やらなければなりません。

――最後に二点おうかがいします。一つが二〇一九年にニューヨーク州立大学のステファニー・ケルトン教授が来られて、MMTがブームになりました。かつてのトマ・ピケティの頃のブームみたいだなと思うのですが、どうお考えですか。二つ目が、藤井聡京都大学教授はコロナで打撃を被った事業者に対して、粗利補償をするよう主張されています。それに対してどうお考えですか。

大塚：MMTは理論ではなくて、エクスプラネーション、説明に過ぎないと思います。一方、MMTを否定する人たちにも弱みがあります。赤字国債が増えれば財政は破綻すると散々言ってきましたが、現に破綻してはいません。しかし、MMT的財政運営をしても大丈夫かというと、MMTの信奉者側もその理由と理論を説明し切れません。自国通貨を発行している国はいくら財政赤字が膨らんでも財政破綻しない、だから紙幣増刷や国債発行を財源にしてドンドン財政支出を増やせばよいという主張は、目の前の現実を根拠に説明をしているだけであって、理論ではありません。そうすることによって最終的にどうなるのかという完結した経済理論や経済運営サイクルを提示できていません。ＭＭＴは経済理論とは言い難いのですが、三年前、四年前に比べると、そのＭＭＴ的説明をある程度リスペクトしなければならないような状況が、コロナ禍によって生まれたと言わざるを得ません。

藤井教授の粗利補償の話は理屈としては理解できます。粗利補償をするということは、そこから様々な経費を捻出するということですから、従業員の雇用維持、店舗等のインフラ維持を可能とします。粗利ベースの支援がないと、ビジネスや商売を維持できないという点に着眼した提言だと思います。一つの考え方、主張として理解できます。但し、支援の仕組みが粗利補償という形がいいのか、あるいは人件費や家賃等の直接的補償、限定的補償がいいのか、比較検討する必要があります。粗利補償という支援の有効性は、その後の経営者や企業の判断や行動に依存する枠組みですので、工夫の余地があります。一方で困っている人たちに直接支援が届くような枠組みもあり得ることには留意が必要です。

それに関連して、先日財務大臣や厚労大臣に直接会って申し上げてきたことも付言しておきます。雇用調整助成金制度は平時の景気循環に対する備えです。今は平時の景気循環ではないので、もはや別の仕組みや枠組みを考えるべき局面です。とくに旅行業、宿泊業など、「Ｋ字経済」の右側の下の線の状況に陥っている人達に対する雇用支援というのは、雇調金制度とは違う枠組みを検討すべきでしょう。平時の雇調金制度に依存しているために、厚労大臣は「もう雇用特会の財源がない」という主張に終始してしまいます。それはその通りです。

なぜなら雇調金制度は平時の景気循環への備えであり、コロナ禍において多くの業種と企業が長期間に亘って雇用に汲々とするということを想定した制度ではないからです。コロナ禍が今年の冬も続くことを想定するのであれば、雇調金制度とは異なる雇用支援の枠組みを早急に検討、構築すべきでしょう。その時に藤井教授が言うような粗利補償という枠組み、考え方もあり得ると思います。私自身は、より直接的な雇用支援策を考えた方がいいと思います。

――では最後に、年内総選挙と来年の参議院選挙の前に国民へのメッセージをお願いいたします。

大塚：中止になってしまいましたが、今年のダボス会議のテーマは「グレートリセット」でした。日本の政治も政党も「グレートリセット」が必要です。国民民主党は「グレートリセット」的存在です。あらゆることを否定するという意味ではなく、現状では支持率一パーセントのこれからの政党であり、誰にも気兼ねすることのないスタートアップ政党ですから（笑）、正論を申し述べています。だからこそ「グレートリセット」の時代に相応しい新しい政党として、国民民主党を使い倒していただくということが大事だと思います。

参議院国家基本政策委員会委員長の大塚耕平「国民民主党」代表代行に聞く

非正規労働者出身、大椿ゆうこ「社会民主党」副党首に聞く

労働者の使い捨てを許さない！貯め込んだ内部留保を財源に、消費税を三年間ゼロに

大椿ゆうこ｜おおつばき　ゆうこ

社会民主党、副党首

一九七三年岡山県生まれ。四国学院大学社会学部社会福祉学科卒業。社会福祉士、精神保健福祉士、保育士◎非正規労働を掛け持ちした後、関西学院大学に障がい学生支援コーディネーターとして有期雇用就職。現職復帰を求めた闘争をきっかけに、大阪教育合同労働組合の役員・専従職員・執行委員長として奮闘◎二〇一九年、参議院選挙に立候補するも落選◎社民党の全国連合常任幹事を経て、二〇二一年副党首に。全国連合労働・女性・多様性政策委員長、大阪九区国政政策委員長

原点は、非正規労働者としての経験

――まず、大椿さんが政治家を志すまでの経緯をうかがえますか。

大椿：大学を卒業したのは、一九九六年です。前年の一九九五年には、阪神淡路大震災、地

下鉄サリン事件など大きな出来事がありました。日本社会党が解体し、社会民主党に改称したのもその年です。私が大学に入学した時点ですでにバブル経済は崩壊、就職氷河期と呼ばれる時代に社会に出ることになりました。大学では社会福祉を専攻していたため、リクルートスーツを着て合同企業説明会に足を運び、採用試験を何社も受けるような就職活動はしておらず、数十社から不採用通知が来て、内定がとれないという経験自体はしていません。クラスメイトの多くが卒業直前に就職先が決まったのも、福祉分野ならではかもしれません。

当時私は漠然と、女性を支援する仕事をしたいと考えていました。女性センターや母子生活支援施設を探しましたが募集がなく、就職先が決まらないまま卒業を迎えました。田舎の家族には娘が就職先も決めず大学を卒業することへの恥ずかしさもあったと思いますが、「フリーター」という言葉も世間にある程度定着していましたし、私自身、どこか「自由な働き方」「本当にやりたい仕事を見つけるための猶予期間」なのだと捉えていたところがあったと思います。その後は、非正規雇用の仕事を日にいくつも掛け持ちしながら暮らしましたが、一年、また一年とそんな生活を続けていくうちに、いったん非正規雇用に就くと、正規として雇ってもらいにくくなることに気づき始めました。何のキャリアも積めないまま歳を重ねていくことに、そこはかとない不安を感じるようにもなりました。ちょうどその頃、バブル絶頂期に大手企業に就職した姉から、「フリーターは無職と一緒」とバカにされ、違和感を覚えました。ちゃんと仕事をしているのに、非正規雇用というだけで「無職と一緒」と言われるなんて、非正規という雇用形態を生み出しているのは雇用主なのに、と。でも当時は、その違和感を言葉にすることができませんでした。

――長年、非正規労働者として働かれたわけですね。

大椿：はい。様々な非正規雇用の仕事を経験した後、二〇〇六年四月には「障がい学生支援コーディネーター」として兵庫県西宮市の関西学院大学に採用されました。聴覚・視覚に障がいのある学生への情報保障や、車いすに乗った学生への介助、発達障がいのある学生への個別の支援を計画し、運営していくのが主な仕事です。しかしこれもまた一年契約、最長四年までの有期雇用でした。給与は正職員とほぼ同等でしたが、退職金はなく、「期限付き契約職員」と呼ばれていました。

働き始めて三年が経った頃、大学には常時四〇名以上の障がいのある学生が在籍しているのにコーディネーターを四年ごとにすげかえることに、疑問を持つようになりました。恒常的な仕事をなぜ期限付きにするのだろう、と。調べるうちに、別職種でしたが同じ契約内容の職員が四年を超えても立場を変え、「嘱託職員」として継続雇用されている例があることを知りました。自分も継続雇用してもらえるかもしれないと思った私は、契約期限の一年以上前に大阪教育合同労働組合（教育合同）に加入し、継続雇用を求めて学校法人と交渉することにしました。関西学院大学にも教職員組合はあったのですが、非正規労働者の加入は認めておらず、他の組合を探すほかなかったのです。その時の体験から、非正規労働者が働く人の約四割を占めるこの時代に、非正規労働者の加入を排除する労働組合は、労働組合を名乗るべきではないと思っています。

私が加入した教育合同は、教育現場で働く者なら誰でもひとりから入れる労働組合です。家族や友人、同僚からは「闘っても勝てない」「やるだけ無駄」などと言われる中、教育合同だけが「有期雇用をおかしいと感じるあなたの直感は間違っていない」と、肯定してくれました。「あなたのときは勝てないかもしれないけれど、次の人のときには勝てるかもしれない。それが労働運動だから」との一言に胸を打たれ、労働組合で闘う決意をしました。

――たいへんなご苦労でしたね。

大椿：そうですね。でも、私たちロストジェネレーションは、多くの人が同じような経験をしているのではないでしょうか。違う点があるとすれば、私が労働組合で闘うことを決断した点です。最後の一年間は、働きながら法人と団体交渉を重ね、労働委員会を中心に闘いました。「有期雇用に納得して契約したのだから、それは自己責任」「四年ごとに新しい知識や技術を持った人材を刷新するのが、関学の重要な人事政策」などと言われたことは、一生忘れないでしょう。非正規労働者は四年で賞味期限が切れるというのが彼らの理屈です。本来、安定的に雇用すべき職種に非正規雇用の選択肢しか設けず、労働者が異議申し立てをすると自己責任だと言う彼らの傲慢さを、このとき嫌というほど味わいました。

結局、二〇一〇年三月末で予定通り雇い止め解雇されましたが、その後も争議は続き、トータル三年九ヶ月闘いました。二〇一二年、中央労働委員会（中労委）が全面棄却の命令を下し、私の原職復帰は叶いませんでした。しかし、労働組合に出あわなければ、私のような非正規労働者は泣き寝入りをするしかなかった。労働運動が闘いのステージに立たせてくれたことに感謝しています。私は負けましたが、二〇一三年には改正労働契約法が、二〇二〇年にはパートタイム・有期雇用労働法が施行されました。法律の中身はまだ十分とは言えませんが、世論も政治も、非正規労働者の待遇改善・安定的な雇用が必要だという方向に動きつつあることには隔世《かくせい》の感があります。その法律を使って闘う非正規労働者の存在には、いつも勇気づけられます。自分を含め、勝つことができなかったあまたの闘いの上にこそ、変化が訪れるのだと感じています。

争議終結後は、教育合同の専従職員として働き、主に私学・大学・民間の労働争議を担当しました。多くは非常勤講師や非正規職員など、非正規労働者の争議でした。大阪府内の公立学校の教職員も多く加入していたので、大阪府市等の教育委員会との争議も絶えませんでした。ちょうど時代は、橋下徹さんが大阪府知事・大阪市長を務め、大阪維新の会が躍進していた頃。公務員へのバッシング、公務員労組への弾圧が激化していました。弾圧は私たちの組合へも向けられ、それまで行われていた定期交渉、非正規教職員の次年度雇用継続団交などが約五年にわたり次々と拒否され、その件数は一〇件にものぼりました（二〇一五年三月三一日最高裁で組合側が勝利。その後、府・府教委は最高裁決定を受け、全訴訟取り下げ）。二〇一二年には大阪市に対してストライキも決行しました。「君が代」起立斉唱強制条例（「大阪府の施設における国旗の掲揚及び教職員による国歌の斉唱に関する条例」のこと。府の施設内で、国旗を利用者の見やすいところに揚げ、教職員は国歌斉唱の際、起立することなどを定めたもの）や教職員や公務員の査定を行い厳格な罷免《ひめん》処置などがある教育基本条例・職員基本条例など、教育現場への介入もその頃からどんどん行われるようになりました。卒入学式で不起立し、処分された組合員の支援にも、組合として取り組んできました。

橋下徹さんは大阪の政治から退きましたが、「維新」政治が続く大阪は、今もその影響下にあります。とりわけ教育現場の労働者は、疲弊している状況です。法律家を名乗る政治家が労働組合法を遵守せず、不当労働行為を乱発するような自治体では、労働者の権利など守られるはずがありません。なぜマスコミは、不当労働行為をおこなった人物を、ありがたがってテレビのコメンテーターに起用するのでしょう。そういうことが、労働者の権利を軽視する社会を醸成《じょうせい》させているのです。その傾向は公務職場にとどまらず、民間にも波及していきます。過酷な職場であった生コン運転手たちは、長年産業別闘争を掲げて闘ってきました。ところが大阪をはじめ関西一円では、彼らが組織する労働組合、連帯ユニオン関西地区生コン支部へのすさまじい弾圧が起きています（二〇一八年から、ストライキやコンプライアンス活動を「威力業務妨害」「恐喝未遂」として、連帯ユニオン関西生コン支部役員・組合員らが八九人逮捕され、七一人が起訴された事件。現在も係争中）。ストライキという正当な労働組合活動が「威力業務妨害」として犯罪扱いされるようになった背景には、政権による闘う労働組合への弾圧があると考えています。関生支部を「反社会勢力」と呼び、この事件をおもしろおかしく取り上げ、ネット上でデマや誹謗中傷を流す国会議員や評論家がいますが、その人たちは生きるために闘わざるを得ない労働者の切実な状況を全く理解していません。コロナ禍の中で、多くの労働者が不当に解雇・雇い止めされている今、労働組合は生き延びるための最後の拠り所なのです。

非正規労働者、労働組合の生の声を政治の場に

――それから政界に入られたわけですね。

大椿：二〇一六〜一九年末まで教育合同の執行委員長を務め、一九年七月の参議院選挙に、社民党の全国比例代表として立候補することになりました。二〇一六年頃から、市民運動を通じて顔見知りだった服部良一元衆議院議員（現幹事長）に「国政選挙に出ないか」と誘われていましたが、断り続けてきました。労働組合のオルグとしての仕事がようやくおもしろく感じ始められた頃で、力量も不十分、これからもっと力をつけていかなければと考えていたのです。それに、政治家を目指す人はどの時代にも一定数は存在しますが、労働組合のオルグを目指す若い世代はほとんどいません。労働運動を継承していくのが自分の役割だと感じ始めていました。だから、集会で服部さんに会っても、話を振られるのが嫌で、避けていた時期がありました。

二〇一八年の秋、再度、選挙に出ないかと服部さんに誘われました。一九年の参議院選挙に全国比例代表で出ないかと。そのときも嫌々話を聞き、断りましたが、なかなかねばりづよかった。「あなたがクビを切られた非正規労働者だということ、ロストジェネレーションだという当事者性を全面に打ち出して選挙をしてほしい。労働問題一本で闘ってくれたらいい」と言われ続けるうちに、それなら私にもできるかなと、少しずつ心が揺れ始めました。私は闘う現場が好きだったので国会議員になりたいとはまったく思いませんでしたが、「労働者の使い捨ては許さない」と言って全国を回れるのなら、それはやってみたいと思いました。選挙という方法で、非正規労働の拡大を許さない大キャンペーンができるのならおもしろい、と。政見放送で訴える言葉も頭に浮かびました。服部さんに「解雇された国会議員なんかおらんぞ」と言われ、そんな人が一人くらい国会にいたってええやん、と思ったのです。国会には労働組合出身の国会議員はいますが、たいていは大企業や公務員労組、いわゆる正社員が中心の労働組合の出身者です。労働組合といえば連合で、労働組合からさえ排除されてきた非正規労働者や、かれらの支援に奔走する労働組合の声は政治の場になかなか届きません。私たちの運動を政治につなげるパイプが必要だ、とも感じました。

二〇一八年に強行採択された「高度プロフェッショナル制度」（専門的で高度な職業能力をもつ労働者の労働時間のしばりをなくす制度）も、立候補を決意した動機の一つだったかもしれません。高橋まつりさんのお母様を含め、全国過労死を考える家族の会のみなさんが、国会前で座り込みをして安倍首相（当時）との面談を希望しましたが、最後まで叶いませんでした。

国会を傍聴する遺族の前でヘラヘラ笑っている安倍首相と加藤勝信《かつのぶ》厚労相の写真にも、寒気がしました。採決の際、飛び跳ねて強行採決を促した堀内詔子《のりこ》議員の姿を見た時、「私たち、この人たちに殺される」と本気で感じました。加藤勝信さんは、私の実家がある岡山五区選出の議員です。岡山は自民党が強く、私の両親も付き合いで長年加藤さんのポスターを貼っていましたが、強行採決されたその日、私は「労働者の命を軽視する国会議員のポスターは外してほしい」と母親に連絡したほど怒りに震えました。「私たちを殺すな！」「黙って言いなりになると思うなよ！」、そんな思いを、選挙という場で訴えられるなら訴えたいと、気持ちが決まりました。

最終的には、組合の仕事を辞めて立候補することになりました。関学を雇い止め解雇されてからというもの、二度と仕事を失いたくないと思っていたので、退職して選挙に出ることへの恐怖感で、眠れない・食べられない日々が続き、決断にはものすごく勇気がいりました。

被選挙権は皆が持っているのに、使う人は限られています。残念ながら、日本の選挙は、誰もが挑戦できるような制度にはなっていません。莫大なお金がかかる国政選挙はなおさらです。でも私は、そんな誰もが挑戦できるわけではない場に機会を与えてもらったのだから、やってみよう。そう決断した結果、今に至っています。

ボトムアップ型の護憲の党であり続けること

――「社民党」の魅力は何だとお考えですか？

大椿：護憲の党として、現行憲法の改悪には絶対反対、憲法九条を守り、平和憲法をくらしに活かす政治を掲げ続けている点だと思います。先の国会で、憲法改正国民投票法が可決されました。これは、憲法改正の国民投票の際、商業施設に投票所を設けることなどを柱とした法案でしたが、自民、公明、維新、国民、立憲民主党の賛成多数で可決されました。「社民党」は、この法案は「憲法改正の呼び水になる」と判断し、反対の立場を取りました。しかし、結果的には与野党共に多くの国会議員がこの法案に賛成した。憲法改正を望む勢力は、与党だけでなく、野党の中にもあるのだと実感させられました。このままでは憲法改正に反対、九条を守りたい人々の拠りどころがなくなってしまいます。「社民党」は今こそ、従来通りの立場を貫き続けていかなくてはならない。憲法改正の流れに妥協することは、「社民党」の存在意義を自ら捨て去ることになると思っています。

また、日米地位協定を全面改定し、日米軍事同盟基軸ではなく、対等・平等な日米平和友好条約への転換を目指している点も、「社民党」の魅力です。沖縄の辺野古新基地建設の問題や、京都のXバンドレーダーの問題など、米軍基地があるがゆえのさまざまな問題は、「日米軍事同盟基軸」で根本的に解決することはできません。二〇一〇年、鳩山政権は、米軍普天間飛行場の移設計画見直しを掲げ、「最低でも県外」との発言を撤回し、最後には名護市辺野古への移設案に回帰しました。辺野古反対の姿勢を貫いた福島みずほ党首は、消費者・少子化担当相を罷免《ひめん》されました。沖縄を切り捨てない、沖縄と共にある姿勢を我々が失えば、これもまた党の存在意義を自ら捨て去ることになると思います。

ボトムアップの政党であることも魅力の一つです。多くの政党は、議員中心の議員政党です。しかし「社民党」は、全国連合と各都道府県連合が上下ではなく対等な関係にあり、党首選挙では党首の一票も、党員になったばかりの人の一票も、同じ扱いです。そのような政党だから（合流問題で人が減ったという事情もありますが）、入党して三年弱、非議員で当選経験もなく、党職員でもなかった私が、副党首という任に就くことができたのだと思います。党員資格に国籍を問わないところも気に入っています。日本で生まれ、長年日本で住んでいながら、日本国籍でないために投票できない人たちがいます。私たちは、「定住外国人に参政権を」という政策を掲げていますが、まだ実現できていません。だからこそなおさら政党はこの国に暮らす、すべての人々に開かれた存在であるべきだと、私たちは考えています。

ジェンダー平等を実践しているところも「社民党」の魅力です。現在、党首・副党首とも女性。議論になっている夫婦別姓も、党首・副党首共に実践しています。土井たか子さんの時代から、心意気のある女性たちが活躍してきた政党です。私も若い頃は、「社民党」に「女性の政党」というイメージを持っていて、女性たちの権利を守り、充実させてほしいとの思いから、ずっと「社民党」に投票してきました。性差別は日本の政治を変えるために、向き合わなければならない、最大の課題だと思っています。ひるまず、フェミニズムをしっかりと打ち出す政党として、これからも存在したいと思います。

そのほか、地域の運動と政治がつながっているところ、全国各地で基地問題、原発問題など、活動している人々が党員であることは「社民党」の最大の財産です。

今の肥大化した資本主義の限界に、とりわけ若者たちが気づき、社会民主主義を選択し始めています。アメリカのバーニー・サンダースやアレクサンドリア・オカシオ＝コルテス、フィンランドのサンナ・マリン首相や、彼女たちを支持する若者。日本ではまだ動きをつくれていませんが、私たちは、この世界の動きに可能性を感じています。

本気で立ち上がれば、働き方は変えていけると伝えたい

――非正規雇用で長く働いてこられて、感じたことは何ですか？

大椿：非正規雇用は差別と分断、人々を連帯させないための装置だということです。しかし、同時に、闘えば状況は変えられるという可能性も感じました。労働者の約四割が非正規労働者なのですから、この四割が本気で立ち上がれば、今の働き方を変えていける力に十分なると思います。圧倒的多数の人々が、誰かが変えてくれることを待っているだけだから、変わらないのです。多数派の手に負えないくらい、日本中で立ちあがる人が増えれば、社会や政

治を変える勢力に十分なり得る。そこには絶望より希望を感じます。だから、二〇一九年の政見放送では、「全国に散在する二一〇〇万人以上の非正規労働者よ立ち上がれ！」と訴えました。

二〇一六年にアメリカのシカゴに行ったとき、「Fight for $15 運動」（二〇一二年ファストフードやウォルマートの労働者たちが時給一五ドルと労働組合の組織化を求めて初めた運動。前年のウォール街占拠運動に端を発したもので全米に広がった）の当事者から話を聞きました。最初はファストフード店で働く二〇〇人程度の労働者から始まった運動が、全米各地に広がり、世界中に広がり、政治家たちが最低賃金引き上げを公約に掲げなければ当選できないと感じるような状況がつくられていきました。日本でそんなことは無理と思うかもしれませんが、私はそうは思いません。簡単ではないでしょうが、私たちにもできるよ、と思っています。待っているだけでは変わりません。政治を下から突き動かす運動を育てていきたいのです。

——大椿さんは最低賃金の引き上げを主張していらっしゃいますね。最低賃金を上げるべき理由と現在の問題点をうかがえますか。

大椿：まずは、普通に考えて、今の最低賃金では暮らしていけない、将来設計ができないことが最大の理由です。毎年一〇月に最低賃金の引き上げが行われます。今年は全国一律二八円の引き上げを行うことになり、全国平均時給九〇二円から九三〇円を目安にするとのことです。東京は一〇一三円から一〇四一円に。私が住む大阪は九六四円から九九二円になりますが、まだ時給一〇〇〇円には足りません。

二〇二一年七月分の労働力調査（総務省統計局）によると、非正規労働者は二〇六二万人。その割合は、雇用者（役員を除く）の三六・五パーセントとほぼ四割です。男女比で言えば、男性は二一・七％、女性は五三・二％が非正規で、圧倒的に女性の非正規労働者が多いことは、多くの方々の知るところになっています。二〇二一年七月の厚労省の発表によると、コロナ禍で雇い止め解雇された人達は、一一万三二六人。その中心が女性の非正規労働者と言われています。国税庁の二〇一九年民間給与実態統計調査によると、正規労働者の平均給与が五〇三万円に対し、非正規労働者が一七五万円となっており、総務省の二〇一七年調査では非正規労働者の七五％が年収二〇〇万円以下で暮らしています。

最低賃金が一〇〇〇円になっても、一日八時間、週五日勤務×四週で、年収は一九二万円と二〇〇万円を切ります。多くの非正規労働者には賞与もありませんし、たとえ時給一五〇〇円が実現しても、年収は二八八万円程度にしかなりません。時給一五〇〇円になってできるのは、公共料金の支払いに汲々としなくても済むとか、食料品を値引きのものではなく定価で買えるとか、月二〜三万円の貯金ができるようになるかもしれないとか、たまには遊びに行けるといった程度の、実にささやかなことなんです。実際には一五〇〇円でも足りませんし、時給で働くということはすなわち非正規雇用ですから、必ず雇用期間に定めがあり、正規との間に待遇格差があります。時給が上がっても、不安定な雇用形態のままでは生活は改善しません。最低賃金引上げの議論とともに、非正規労働を減らす、同一価値労働同一賃金、恒常的な業務は原則無期雇用を同時に取り組む必要があると思います。

中小企業にとっては、時給一〇〇〇円、一五〇〇円は負担が大きすぎるという意見も理解できます。しかし、中小企業と労働者の対立を、我関せずと高みの見物をしているのは誰でしょうか。中小企業を安く買いたたく大企業には、中小企業の従業員の生活給を考慮に入れて取引金額を決めるよう、大企業に徹底させる国の方針が必要だと思います。

以前労働組合の仲間から、徳島にある縫製工場が、外国人技能実習生を安い賃金で長時間労働させ、プライベートを監視し、暴力的な態度を取っていたため、実習生らを救済したとの報告を受けました。経営者が彼女たちに行ったことはすさまじい人権侵害ですが、その背景には、安い額で下請けをさせられている中小企業の厳しい経営状況もあるのではないかと思いました。大企業が下請け、孫請けに出すときの中小企業の買い叩きが、結果として非正規雇用の拡大・外国人技能実習生への人権侵害をも引き起こしているのではないかと考えたとき、大企業への規制が必要だと思いました。

第二のロスジェネ世代をつくらないために

――ロストジェネレーション世代が抱える問題、現状、解決策についてうかがえますか。

大椿：二〇一九年、ちょうど参議院選挙の前、ロスジェネ問題が再びフォーカスされ、三〇万人の正規雇用を目指す政策が打ち出されました。宝塚市の中川智子市長がロスジェネ世代に特化した職員採用を行い、それが全国にも波及していきました。正直、あと一〇年早く取りかかっていたら……と思いました。二〇〇八年のリーマンショック時、あれだけ問題になっていたのに、なぜ具体的な策を取らなかったのか。ロスジェネ前期はすでに四〇代半ばで、この歳から再度頑張れと言われても、正直しんどい。政治から放置されてきた世代だと思います。

ロスジェネも歳を重ねてきました。八〇五〇問題（八〇代の親が五〇代の子供の面倒を見ること。引きこもりの問題が背景にある）もあります。私たちの世代は子育て世代でもありますが、不安定な雇用が多いので、子どもは進学したくても、奨学金を借りて学ぶしかなく、大学卒業時には何百万という借金を抱えて社会に出ることになります。ロスジェネを放置してきた結果、負の連鎖が続いていくのです。また、コロナ禍の中、今の若い人たちは、そもそもアルバイトすらないという社会に放り出されます。非正規の仕事ならあった私たちの時代よりも過酷なのではないかと思います、第二のロスジェネをつくらない、一〇年、二〇年先を見据えた政策が必要です。

ロスジェネ問題の中心的な課題は非正規雇用です。繰り返しになりますが、四割にまで増えた非正規労働を減らす、原則期間の定めのない雇用を増やす、同一価値労働同一賃金の実現、これらの取り組みが急務です。非正規労働者は、これまで散々使い捨てられてきました。

いかに安く働かせ、いかに簡単にクビを切れるかしか考えない雇い方を変えない限り、いくら国が就職支援をしても、安定的な雇用にはつながらないでしょう。

――コロナ禍で明らかになった日本の問題、とりわけ非正規雇用の女性にかかわる問題点について教えてください。

大椿：昨年四月七日に一回目の緊急事態宣言が発出され、ステイホームが呼びかけられました。急激に在宅ワークが進んだかと思えば、学校の休校に伴い両親のどちらかが仕事に行けなくなり仕事を辞めざるを得ないなど、国民は大きな変化を強いられました。飲食業・宿泊業・小売業などサービス業が大打撃を受け、非正規雇用労働者を中心に雇用情勢が急激に悪化をしました。内閣府男女共同参画局が二〇二一年六月に作成した「男女共同参画白書令和3年版」によると、緊急事態宣言が発出された二〇二〇年四月の就業者数の推移を見ると、前月の三月と比べ、男性が三七三七万人から三九万人の減少なのに対し、女性は三〇〇〇万人から七〇万人の減少で、女性の減少幅の方が圧倒的に大きいことがわかります。繰り返しますが二〇二一年七月の厚労省が発表したコロナウイルスの影響により解雇・雇い止め（見込みを含む）された人数は、一一万三二六人。その中心が非正規雇用の女性たちだと言われています。これは労働局やハローワークが把握している人数に過ぎないので、実際にはもっと多いでしょう。

この間何度か、労働・生活相談のホットラインを開設し、相談員として相談に当たりました。私と同世代か少し上の五〇代位の非正規雇用の女性たちからの相談が多いという実感を抱きました。複数の仕事を掛け持ちしながらコールセンターで働いていた相談者の女性に、「社会に出た時には就職氷河期だったロストジェネレーションです。社会から、非正規の仕事ばかりをしてきたあなたが悪いと言われているみたいだ」と電話口で号泣された時には、私も胸が詰まりました。まるで自分の叫びのようでした。

シングルマザーの方からの相談も数件受けましたが切実でした。所持金が数千円しかないと言うのです。貯蓄も十分になく、仕事を失った途端に直ちにくらしが成り立たなくなるのです。コロナ禍の前から、ギリギリのところを綱渡りしながら暮してきたことが窺えました。

街頭に立って宣伝活動を行っていた時、一〇代後半か二〇代前半の女性から相談を受けました。「親元を離れ、飲食店でのバイトを掛け持ちし一人で暮してきたが、シフトが減り、月の収入が一〇万もない。貯金を切り崩しながら暮しているが、もう限界だ」という内容でした。生活保護を勧めましたが、虐待を受けていたようで、家族との連絡は一切断っていると話してくれました。「扶養照会が必要だから、生活保護は嫌だ」と言うので、まずは住宅確保給付金の申請を勧めたこともありました。助けを求められる十分な人間関係もない若い彼女には、あまりにも過酷な状況です。

雇用の問題だけでなく、DV相談件数（前年度比、約一・六倍）や女性の自殺者数（前年差、九三五人増）も増加しています。コロナ禍の影響が、男性よりもさらに女性に大きく、複雑に表れていることが見えてきます。そもそもこれまで問題としては認識されていないから、放置されてきた課題が、今回のコロナ禍で健在化したのだと思います。雇用の問題はその最たるものです。

これまで非正規雇用は、家庭補助的な仕事と言われてきましたが、今や家計を支える重要な収入源になっています。今は家族がいますが、シングルで非正規雇用だった時、このまま歳をとっても非正規雇用で働き続けるとしたら、私の将来はどうなるんだろうと漠然とした不安が常にありました。その先に、時々孤独死する自分の姿が見えるんです。一日八時間働いても年収が二〇〇万円以下、日々の暮らしに汲々とし、将来設計もできないような働き方はおかしいじゃないですか。たとえ結婚をしなくても、女性が一人でも安心して生涯を送れるような働き方や生き方ができない社会はおかしいです。日本社会に巣くう性差別が、雇用・政治、様々なところに女の生きづらさを作り出しています。だからこそ、男性中心の政治の世界の構成を変えなければ、女性が抱える問題は、これから先も後回しにされてしまうと思っています。

労働組合の組織化を支援するバイデン政権の動き

――アメリカのバイデン政権で、評価している点はありますか。

大椿：在日米軍基地の問題に関しては、民主党も産軍複合体であり、まったく期待できません。バイデン政権は、トランプ政権の対中敵視政策をむしろ引き継ぐ形で「台湾有事」を持ち出し、結果として「沖縄や日本を戦場にする」動きをつくっています。沖縄や南西諸島の米軍基地が今後ますます強化されるだけでなく、中距離ミサイルが南西諸島に配備されるのではないかと、注視しているところです。

バイデン政権の税制改革については、GAFAなど巨大IT企業に課税する「デジタル課税」システムをつくったことは、前進だと捉えています。アメリカでは一九二〇年代から、工場などの拠点がないと企業に課税ができない仕組みになっていましたが、それを変え、サービスの利用者がいる国（市場国）に、売上高二〇〇億ユーロ、利益率一〇パーセントを超える「超過利益」ぶんの二〇〜三〇パーセントへの課税を認めるとしたのです。この変更によって、一〇〇社ほどの多国籍企業が課税対象となるそうです。そのほか、世界の法人税切り下げ競争に終止符を打つべく下限を設定、低すぎるとの不満も上がってはいるものの、一五パーセントにすることで世界の合意を得ました。これらの点は、評価できるのではないかと思います。

個人的に驚いたのは、労働組合の結成を目指していたアラバマ州のAmazon物流センターで働く労働者を全面的に支持するメッセージを、バイデン大統領がホワイトハウスから出したことです。Amazonの名前こそ出していませんでしたが、明らかにそうと受け取れるメッセージでした。「組合は、加入／非加入双方の労働者を力づけるが、黒人・褐色人種の労働者の場合はなおさらだ」と労働組合の意義を伝え、「威嚇や強制、脅迫、反労組プロパガンダが一切あってはならない。管理者は組合に関する選好について従業員を問い詰めてはならない」と使用者をけん制した姿勢には、感動しました。日本で、労働組合の組織化を全面支持すると公言する政治家を見たことがなかったからです。私は以前から、政治だけで現在の労働環境を変えることはできないと思ってきました。いくら政治家が労働者の権利を守る法律を作ったところで、使用者というのは法の抜け穴を見つけ、いかにかいくぐるかを考えるものです。労働者自身が闘う体力を持たずして、自らの権利を守ることはできない。だからこそ、法律を守らせ、労働者の権利を守らせる現場での闘いが必要になるのです。それをバイデン大統領が人々に訴えたことに衝撃を受け、私自身の政策にも、「労働組合の組織化を全面支援」を掲げました。

たまった内部留保を財源に、消費税を三年間ゼロに

――「社民党」は企業の内部留保への課税と、消費税三年間ゼロを政策に掲げていらっしゃいますね。その詳細を教えてください。

大椿：これまで「社民党」は、所得税の累進課税の強化や法人税の引き上げなどを主張してきました。法人税の減税総額は累計で消費税収の八割に匹敵しており、消費税は事実上、法

人税引き下げの穴埋めに使われてしまっている。この政策は今後も引き続き訴えていきますが、それに加え、コロナ禍で深刻な打撃を受けている労働者や零細事業者が増えている今、いのちを守り生活を再建するための緊急的な経済対策が必要です。それが、たまりにたまった企業の内部留保に課税し、その財源を使って消費税を三年間ゼロにするという案です。

コロナ禍で落ち込んだ経済が元に戻るのに二、三年はかかるとの経済学者の指摘を踏まえ、三年間という期間を設定しました。いったん消費税をゼロにすれば、元に戻す際、税制をめぐる議論が必ず起きるはずです。ゼロからいきなり一〇パーセントに戻すというのは不可能で、必然的に累進性の強化など、税制のあり方を徹底的に議論する税制改革が必要になる。それも狙いです。低所得者層への重税になる間接税としての消費税については、コロナ前から反対論、廃止論があります。しかし、年間二〇兆円以上にまで積み上がってくると、財源問題が解決されない限り、廃止に持っていくことはできません。そこで、三年間は緊急対策としていったんゼロにし、そこから再度税制の議論をして税制全体の在り方を検討すべきだと考えたのです。

二〇二一年度の消費税収予測は二〇・三兆円で、一九年度の企業の内部留保は四七五兆円です。二〇年の内部留保の減額割合は見通しではマイナス〇・七パーセントと、コロナ禍で多少の足踏みは見られるものの、大きな減少にはなっていません。二一年の見通しはまだ不明ですが、仮に内部留保が四七〇兆円とすると、そこに四・三パーセント課税すれば、計算上は消費税全額ぶんを賄うことができます。もちろん、内部留保全額に課税できるかどうかの議論はあるでしょう。でも、ここに大きな財源があることに異論はないはずです。

企業の内部留保はこの一〇年で約二〇〇兆円も増加し、今や日本のGDPに匹敵する金額になっています。先頃、トヨタがコロナ禍にもかかわらず史上最高の利益を出したと報じられました。国や地方が大赤字の中、大企業にばかり金がたまっているのは社会的公平の面から考えても、おかしいと思います。二〇〇八年のリーマンショック後、「非常時のための貯えだ」と言いながらどんどん増えてきたのです。業種によって多少の差こそあれ、増額という点ではこのコロナ禍でもほとんど変動していません。ここまでたまった内部留保への課税には、正当性があると思います。市民連合も、「衆議院選挙における、立憲野党の共通政策の提言」として、「企業の内部留保に対して、時限的な課税を行い、生活危機対策の財源とする」を掲げています。

本来労働者に還元されるべきお金が還元されず、実質賃金は下がる一方です。コロナ禍という非常時の今使わずして、その内部留保はいつ使うというのでしょうか。私たちは、コロナ禍で疲弊した労働者の生活再建のための緊急経済対策として、消費税三年間ゼロ、財源は内部留保への課税で賄《まかな》うことを次期衆議院選挙の経済政策の柱としつつ、コロナ緊急経済対策として、生活困窮者への定額給付金一〇万円支給とセットで重点政策に位置づけています。

まっとうな怒りは、社会を変える力になる

――もう一度非正規雇用の話に戻ります。立憲野党はどこも非正規労働者の正規雇用化を掲げていますが、非正規労働者たち自身にメッセージが届いていないように感じます。正規職員の労組は企業内で組織化されていますし、票にもつながります。圧倒的に数の多い非正規労働者がまとまるには、どうしたらよいとお考えですか。また、非正規から支持されるには、何が必要ですか。

大椿：正規職員の労組は票になるとおっしゃいましたが、本当にそうでしょうか。労働組合の組織率は、コロナ禍で多少上昇したとはいえ、わずか一七・一パーセントです。八割強の労働者が、労働組合に加入していません。積極的に組合活動をしている人はさらに限られるでしょう。それに、組合員であっても誰に投票するか、どの政党に投票するかは個人の自由ですから、組織にしばられるものではなく、組織の決定通りに投票しているとは限りません。労働組合の組織率自体が低下する中、労働組合の「組織票」は、盤石なものではなくなってきていると思います。

非正規労働問題の根幹にあるのは「分断」です。労働者を連帯・団結させないために作り出されたのが非正規労働者です。なぜまとまれないかではなく、そもそもまとまれないように仕組まれた中で働いていることに、労働者自身が気づくことが必要です。非正規労働者は

労働時間が短く雇用期間に定めがあるなど、正社員と待遇が大きく違うため、職場での同僚との関係も希薄です。複数の仕事を掛け持ちしながら働いているような場合は、同僚と関係性をつくる時間もないでしょう。正社員と違って、会社の情報も入ってきません。関西学院大学のように、非正規労働者は加入させないという労働組合も、いまだに多く存在します。低賃金のため働き詰めで、生活することだけで精一杯、何も考えられないというのが現実ではないでしょうか。最近では、実態的には労働者でありながら、フリーランスや個人事業主という名のもと、労働基準法の外側で働いている人も増えています。

非正規労働者自身が、自分たちがいかに差別的な状態で働かされているかに自覚的になるところからしか、この状況は変えていけないと思います。働いても、働いても、生活は苦しい。にもかかわらず、それは自己責任だと諦めて声を上げない人たちが多い。週五日、一日八時間働いても生活が苦しい、貯金もできない、遊びに行く余裕すらないというのは、その人のせいではありません。そんな働き方を増やし続けてきた社会や政治がおかしいのです。今や働く人の約四割が非正規労働者です。この四割がゼネストに突入すれば、社会は機能しません。それだけの力を自分たちは持っているのだと、非正規労働者たちには気づいてほしい。非正規労働者に完全に依存していながら差別的な待遇に据え置き続ける社会に、怒りを持ってほしい。その怒りは、必ず社会を変える力になります。

社民党が支持されるためには、労働組合にも組織化されておらず、自分たちがいかに差別構造の中で働かされているか気づく余裕もなく生きている、四割の非正規労働者たちに徹底的に向き合い、寄り添うことが重要です。差別構造を語り、変えていく方法として労働運動があり、選挙があることを伝えていく。それこそが、非正規労働者としてクビを切られた私が果たすべき役割だと思っています。

元金融マン、北村イタル
「れいわ新選組」衆議院東京都第二区総支部長に聞く

ボトムアップ型の財政出動で消費力を取り戻し、国民生活を底支えする！

北村イタル｜きたむら　いたる
れいわ新選組、衆議院東京都第二区総支部長
一九八三年埼玉県生まれ。早稲田大学政治経済学部政治学科を卒業。ゴールドマン・サックス・グループに入社、アナリストとして不動産投資ファンドの運営に携わり、債権・商業用不動産投資などを行う。仙台のベンチャー企業、株式会社ワイアンド・キャピタル・アドバイザーズを経て、ラサール　インベストメント　マネージメントで不動産投資ファンド運営に従事◎その後現職に

――まず北村さんが政治家を志すまでの経緯をうかがいます。

北村：母親が埼玉県桶川市で地方議員を八期ほど務めていましたし、父の北村肇《はじめ》はジャーナリストとしてメディアで働いてきた人だったので、政治は比較的身近な存在でした。そうした家庭環境の影響もあり、高校生の頃から川田龍平さんの「龍平塾」に通い、大学は早稲田

大学の政治経済学部政治学科を選ぶなど、ずっと政治学を勉強してきました。しかし大学卒業後に就職したのは、政治とはまったく違う、ゴールドマン・サックスという外資系の投資銀行でした。当時は外資系のコンサル会社や金融機関に花形のイメージがあったんです。

――「龍平塾」には、私も参加していました。二〇〇一年の9・11の後、早稲田大学で姜尚中《かんさんじゅん》東大名誉教授をお招きして、講演会をやりましたね。

北村：私は四ツ谷で参加したのを覚えていますが、その講演にも行ったかもしれません。実は、私は五、六回参加して「龍平塾」からはフェードアウトしてしまったのですが、龍平さんにはシンパシーがあったので、龍平さんが無所属から「みんなの党」に入ったとき、私も「みんなの党」に入党しているんです。政治をより身近なこととして意識するようになったのが、その頃だと思います。

ご存知のように、渡辺喜美《よしみ》さんと江田憲司さんの仲が悪くなって「みんなの党」が解党した後、龍平さんや落合貴之さんも所属した「結《ゆ》いの党」という政党が一時期できましたね。私は当時「結いの党アカデミー」の受講生でした。これは次の統一地方選挙に向けた候補者を発掘・養成するための講座で、そこで書いたレポートが当時参議院議員だった小野次郎さんから賞をいただいたことで、小野先生と親しくさせていただくようになりました。そうこうしていると衆議院が解散したので、「私も『結いの党』から出馬します」と決意を語っていたところ、「結いの党」と「日本維新の会」がバタバタと合併して「維新の党」が誕生、私は「維新の党」の公認候補として、神奈川一八区から落下傘で立候補することになりました。結果、落選しましたが、それが政治家としてのスタートでした。

——当時すでに一回出馬されていたのですね。

北村：ええ。二〇一四年の総選挙です。落合貴之さんが初当選したときです。

日本経済の根幹、民間消費を復活させる

——今は「れいわ新選組」にいらっしゃるのですね。それでは、「れいわ新選組」の経済政策について、お聞かせください。

北村：今まさに、来たる衆議院選挙に向けて党としての経済政策を練っているところなのですが、基本的な考え方はこれまでと変わりません。ボトムアップ型の徹底的な財政出動で、国の景気をよくしていこうとの考えです。

コロナ禍で傷んだ経済を修復する目的で、自民党政権は一〇〇兆円の新規国債を発行しました。しかしかれらが私たち消費者に対してやったのは結局、一律一〇万円とマスク二枚の

給付というわけのわからないことだけでした。まったく意味がないとは言いませんが、全然事足りていません。
この国のＧＤＰの五〇パーセント以下は民間消費です。私たち「れいわ新選組」がやりたいのは、人々に物を買う力、消費する力をつけてもらう、取り戻してもらうための財政出動です。現政権のようなトップダウン型のチマチマした財政出動ではなく、ボトムアップ型で徹底的にこの国の経済を底支えしていく。この考えは一貫しています。

――野党はどこも非正規社員の正規雇用化を掲げていますが、非正規労働者にそのメッセージが届いていないように感じます。産業別組合のように、正規職員の労働組合が組織化されれば票になりますが、圧倒的な数を誇る非正規労働者がまとまるには、どうしたらよいとお考えですか。非正規から支持されるためには何が必要なのでしょうか。

北村：非正規雇用の問題ですね。小泉純一郎政権時からずっと非正規雇用が増えていますが、大きな要因の一つには消費税があると思います。企業側にとって、正規雇用者に給料を払うと納税の対象となりますが、非正規雇用者の支払いは経費になるので消費税が控除されることがあるので、最終的な消費税の納付額が少なくなる。このことが非正規雇用増大の要因にあると思います。これは、私たちが消費税廃止を最重要政策として掲げる理由にもなっています。

非正規の方たちに対し、私たち政治家がメッセージをうまく届けられていないというのは、ご指摘のとおりだと思います。自分がこういう境遇に置かれているのは自分のせいだ、自分が悪いと思わされてしまっている方が非常に多い。「けっしてそうではない。あなたがそういう環境に置かれているのは、あなたのせいじゃない。社会が、政治が悪いんだ」とのメッセージを私たちは明確に発信できていないかもしれない。しかしだからと言って、非正規の方々を組織化して、自分たちの組織票にするつもりはありません。かれらとも手を取り合いながら「一緒に世の中を変えていきましょう」というメッセージは伝えたいですし、そういう動きはしていきたいですが、私たちが主体となって非正規の方々を組合組織化しようとは、今のところ考えていません。

――「れいわ新選組」は、コロナ終息まで毎月一〇万円を給付すると主張されています。この意義についてうかがえますか。

北村：先程申し上げたとおり、日本経済の五〇パーセント以上を構成しているのは、民間消費なんですね。世の中には、日本の経済は輸出産業で成り立っているというイメージを持っている方が多いのですが、実際にこの国の経済を回しているのは、みなさんのお買い物、消費なんです。コロナはこのけっして失われてはいけない消費行動に直接打撃を与えました。「街に出るな」「店で酒を飲むな」と言われ続ける中で、民間消費が消えている。まずは、これを取り戻さなくてはなりません。私たちが「一〇万円をみなさんに配ります」と言うと、「ばら撒きかよ」と批判されるのですが、そうじゃありません。これは物を買うための一〇万円、日本経済を維持するための一〇万円なのです。「あなたが『物を買う力』を取り戻していただきたい。これが失われると日本経済に大きな打撃がある」というメッセージを私も発信しています。もちろん、このコロナ禍で仕事がなくなってしまった方、給料が減ってしまった方を迅速に救う意味合いもありますが、それに加えて消費を維持していくという二段構えでの意義を持つのが、私たちの一〇万円の給付政策なのです。困っている方を迅速に救いながら、この国の民間消費を底支えする。単なるばら撒きではなく、この二つの大きな意義があることを知っていただきたいです。

非正規雇用社会からの脱却を

――「れいわ新選組」の魅力は何だと思われますか。

北村：まず、山本太郎代表というカリスマ性のあるリーダーがいるというのが、唯一無二の魅力としてあると思います。そして、私たち全員が財政出動派であること。しかも、トップダウン型ではなく、とことんボトムアップ型の財政出動で国民生活を底支えするというセオリーを持っていることが、他の野党との違いです。「れいわ新選組」には、困っている方、弱い立場の方を救う政党というイメージがあるかもしれません。もちろんそのとおりではあるのですが、同時に、そうした立場の強弱を生み出している社会そのものを変えたくて、政治をやっている。そこが私にとっての「れいわ新選組」の大きな魅力です。

――山本代表は、「死にたくなるような社会は、もうやめにしたい」というメッセージを強く発信していますよね。ロストジェネレーション世代の約半数が非正規雇用だと言われています。女性の場合はさらにその割合が高く、八割に達する。かれらの中心は今、四〇代後半。もうすぐ五〇代になります。ロスジェネ対策や、望まぬ非正規の問題への見解をお聞かせください。

北村：現在の非正規雇用社会は、異常です。早いうちに手当てしなければ、この国は本当に大変なことになってしまうと思います。たしかにロスジェネ世代には非正規雇用が多い。でもその下の世代も、今どんどん非正規化されてきている。私たちの人生そのものが、社会の歯車にされていっているという異様な状況に陥っていると感じます。非正規化が進んだ背景には、消費増税や、小泉政権から続く労働者を使い捨ててきた政策がある。これは即刻中止しなければ、この国の成長の妨げになると思います。

――ロスジェネ世代の方々が年金を受け取る世代になったときには、もはや生活保護に頼らざるを得なくなり、生活保護制度自体が維持できなくなるという試算もあります。

北村：財政出動ができないと思っている方が多いのですが、財政出動はできます。繰り返しになりますが、日本経済の根幹は民間消費であり、人々の生活が困窮して消費が減れば、経済循環が滞り、負のスパイラルに陥ってしまいます。だからこそ国が徹底的な財政出動を主導し、とにかく人々の物を買う力を維持していく必要があるのです。

生活保護については、私は今の水準はかなり低いと思っています。「健康で文化的な」生活水準とはどのあたりにあるのかを、今一度議論すべきです。私の妻は文京区議なのですが、文京区でも生活保護者に冷たい対応をしていると聞きます。家を失った方が生活保護申請をしに窓口に行くと、たいていの場合、まずいわゆる「無低宿」、無料低額宿泊所に入れられてしまう。でも生活保護の基本は、居宅保護です。それなのになぜ、三人一部屋の無低宿に入れるのか。役所は「お金の管理ができる方かどうかわからないから」とか「ちゃんと生活のできる方かわからないから」と言う。多くの事案を抱える中、個別事案に丁寧に対応するのは大変だという役所の担当者の事情もわかります。その意味では、生活保護のケースワーカーを専門職化し、増やすべきだとも思います。でも、三人一部屋の無料低額宿泊所にすし詰めにする理由がどこにあるのか。まるで修行ですよ。「あなたは社会で失敗したのだから、修行し直してください」という発想なのでしょう。このこと自体が大きな問題だと思います。

生活保護行政において、居宅保護の原則は徹底すべきです。東京都内に空き家はたくさんある。これらを国や都が借り上げ、居宅保護に利用すればいいのです。まずはプライベートな寝場所と食事スペースを確保すること。その上で、次のステップに進んでいけるよう支援する。そこに「修行」を挟む必要はありません。これは、今の生活保護行政の問題の大元だと思っています。……ちょっと質問から外れてしまいましたが。

金融マンとして目撃した格差拡大の実態

――いえ、すごく具体的でわかりやすかったです。格差是正のためには、何が必要だと思いますか。

北村：二つあります。一つは税金の問題です。ご存知のように、一定の所得層を超えると、納税負担率が下がってくるという問題があります。税金の基本は応能負担です。能力のある人に、能力に応じて支払ってもらう。その原則が残念ながら守られていません。「あるところから取る」、まずはこれで格差を是正する必要があると思います。

もう一つ、私の問題意識として「相対的貧困」があります。私はかつて金融マンとして、不動産投資チームで働いていました。海外から資金を集め、国内の銀行からもお金を調達して不動産へ投資する仕事です。二〇一二年以降、安倍晋三政権下で業界は非常に潤いました。金融緩和のおかげです。金融緩和自体は悪いこととは思いませんが、その先がまずかった。

銀行が資金を外に貸し出しやすい環境を作ることで、企業の設備投資に回してもらおうというのが、金融緩和の本来の目的です。しかしいくら銀行がお金を貸そうとしても、市中には借りてくれる企業がなかった。企業側にしてみれば、「需要がない今、工場建設など設備投資をしても、そこで作った物が売れるかわからない」と言うのです。そこで銀行は仕方なく、不動産に貸し出すことにした。私たちはその不動産投資の現場にいたので、ものすごい額のお金が不動産に入ってきて、その結果、不動産の値段がどんどん吊り上がっていくのを見ていました。その結果、もともと不動産を持っていたお金持ちが、さらにお金持ちになったんです。株についても同様でした。金融緩和により、銀行が投資を迫られて金融商品を買いましたし、日銀がETF（日銀平均株価や東証株価指数等、特定の指数の動きに連動する運用成果を目指し、東京証券取引所などの金融商品取引所に上場している投資信託）を買い始めて株価がさらに上がった。もともと持っていた人たちだけが裕福になり、持っていなかった人は何も変わらない。こうして相対的な格差がみるみる拡大していくのを生で見ながら、「この国の政治は何をやっているんだろう?」と、私はずっと思っていました。

そういう思いもあって今、政治をやっているんです。政治が相対的格差、貧困を生み出している。これは真っ先に是正しなくてはならないと思います。株の利益にかかる税率が低いせいで、株を持っている人は、株価が上がればさらに儲かることになる。かれらはもともと税金を負担できる人たちなので、相応のご負担をいただく。そうでない人たちに対しては、物を買う力が失われないよう、とにかく徹底的な財政出動をする。これがボトムアップ型で経済を回していくということです。

――まさに現場にいらっしゃった方ならではの発言でした。かつては一億総中流社会と言われ、分厚い中間層を誇った日本ですが、「れいわ新選組」としては、この復活を目指されるのか。目指されるとしたら、どのようにするのかお答えいただけますか。

北村：すごく難しい質問ですね。一億総中流社会を目指すというのが表現として正しいのかどうかわかりませんが、私がやりたいのは、やはりボトムアップ型の財政出動による、国民生活、日本経済の底支えです。

――下を上げてくという感じですね。

北村：そうですね。私は日本経済の成長を諦めてはいません。日本経済の低迷の大きな原因の一つは、格差にあると思います。下に沈んでしまった方々に対して、どうすれば物を買うなど消費をして、経済に貢献するようなパワーを持ってもらえるかが鍵であり、だからこそまずは下の方々を支えることが必要だと考えています。もしかしたら結果的にそれは、総中流化につながっていくのかもしれませんが。

薄気味悪いアベノミクスとコロナ禍の愚策

――菅義偉政権になったとはいえ、アベノミクス路線は変わらず、八年が経ちました。アベノミクスへの評価あるいは総括をお願いいたします。

北村：先程申し上げたこととも絡んでくるのですが、アベノミクスが結局、何をしたかというと、自分たちに近いお金持ちのお友達にお金を回したということなんです。無意識的になのか意識的になのか、それがずっと続いてきている。金融緩和をやっても、結局は株価や不動産価格が上がり、資産家だけが豊かになった。コロナ禍で借り換えを除けば一〇〇兆円ほどの新規国債が発行されましたが、国民全員への一〇万円給付には一三兆円しかかかっていない。ＧｏＴｏキャンペーンでは、パソナと電通が中抜きする。言葉は悪いですが、もう何かの病気だとしか思えません。どうしてそこにお金を回してしまうのか。見ていて本当に薄気味が悪いというのが、私の評価です。

――ステファニー・ケルトン教授によるＭＭＴについては、どうお考えですか。参照された点があればうかがいたい。

北村：私個人としても、「れいわ新選組」としても、ＭＭＴ万歳の立場ではありません。Ｍ

MTの中で表現されている「自国通貨建て国債はデフォルトにしない」「一定のインフレ率になるまでは財政出動は可能だ」というのは、理論というよりは経済学上の事実でしかないと捉えています。

——アメリカや中国はコロナ禍でGDPが下がったものの、このところV字回復を見せています。なぜ日本だけが落ち込んだままなのでしょうか。

北村：コロナの感染拡大が収まっていないことが、かなり大きな要因だと思います。東京五輪開催中の今、感染の拡大状況は大変なことになっていますよね。これは完全に政治の愚策によるところだと思います。日本経済の原動力である民間消費に対する投資をしてこなかったことも、大きな原因です。一〇万円の一律給付にしろ、持続化給付金にしろ、一発で終わってしまった。とにかくみんなの消費を落とさず、企業を潰さず、雇用を失わせない。そこに着眼して、徹底的に財政出動をしなくてはいけなかったと思います。今からでもそれをやっていけば、ポストコロナと言えるようになったときには、日本の経済は回復できると私は信じています。

——山本代表が都議選で下水中のウイルス濃度を測定する「下水PCR」の実施を訴えていましたが、コロナ対策で他に何かご提案があれば、うかがえますか。

北村：私は医療が専門ではないので、正直、代表が言っていた下水PCRについても後から学んで知りました。私事になりますが、先日、微熱が出たんです。三七度二分か三分程度だったのですが、こういう時期なので PCR検査を受けようと思い、かかりつけ医に電話したら、「PCR検査は三七度五分ないと保険適用になりません。二万五〇〇〇円かかりますけどやりますか」と言われまして。それなら少し様子を見ます、となりました。「南海キャンディーズ」のしずちゃんが二度目のコロナに罹ったけれど、無症状だったとのニュースも見ました。きっと無症状の感染者がたくさんいるのだと思います。政府は徹底的な PCR検査をやっているると言っていますが、全然足りていないと思います。無症状の人も含め、もっと徹底的にやるべきです。山本代表が話していたように、中国では PCR検査に行くとお小遣いがもらえたそうですが、それぐらいまでやるべきだったと思いますね。

――バイデン米国大統領は、ワクチンを打つと、くじでお金が当たるキャンペーンをやっていますよね。

次に、プライマリーバランスについておうかがいします。骨太の方針に二〇二五年度のプライマリーバランス黒字化が明記されましたが、それをどうご覧になるのかということと、財政健全化に関するご意見をお聞かせください。

北村：プライマリーバランスは、もはや死語だと私は思っています。そんなことを言っているなんて、本当に日本の経済の成長を諦めるつもりなのかと思ってしまいます。財政赤字のことを気にしているようですが、たとえば日本を代表する会社であるトヨタ自動車には、二〇兆円の借金があるんですよ。この借金は、トヨタは絶対に返しません。返すということは、企業としての成長を放棄することになるからです。トヨタ自動車にはこの二〇兆円を借りられる能力があるのです。今後もずっと借り換えを繰り返しながら、二〇兆円の資金を「てこ」のように活用して次の投資に回していく。これが通常の企業経営の考え方です。私はこれを国にも当てはめるべきだと思います。ましてや、日本の借金はすべて自国通貨の国債です。自国通貨国債の発行は、単なる通貨の発行でしかありません。そこにプライマリーバランスの話を持ってくるなんて、本当に成長諦めるんですか？　という感じです。くだらない、の一言に尽きます。

国が豊かになるためには、まずあなたが豊かになること

――アメリカのバイデン政権の経済政策で参考になる点があれば教えてください。

北村：バイデンさんは、国内消費が落ちると、国の経済に大きな影響が出ることを意識されていました。雇用や消費の維持を重視して投資されているイメージがありますので、その方

法論はとても参考になります。

――象徴的だなと思ったのが、若い人にバイデン支持が多いことです。トランプ政権の頃は、「将来に希望が持てる」と答えた二〇代はわずか二〇パーセント台でしたが、バイデン政権になって七〇パーセント台に上がったといいます。

次の質問は、小泉政権の頃に言われ始めたサプライサイドエコノミーについてです。安倍さんや菅さんが言う「生産性革命」もその一つだと思われます。経済学者の小野善康先生は、今必要なのは総需要不足の解消とおっしゃっていますが、これについてはどうお考えですか。

北村：先ほどの話ともつながりますが、金融緩和下で、資金を外に貸すようプレッシャーを与えられた銀行は、不動産や金融商品に手を出すしかありませんでした。物が売れない、消費者が買ってくれるかわからない状況で、企業としても銀行からお金を借りて設備投資することができなかったからです。その背景には、おっしゃるとおり、需要の不足があります。消費者に物を買う力がないし、将来への不安を抱えている。「貯金しておかなきゃ」「今はちょっとお金を使えないよね」という空気が蔓延している。この空気感の打破と、物を買う力を取り戻すためのボトムアップ型の財政出動がやはり必要なのだと、繰り返し申し上げたいところです。

――菅政権のブレーンになったデービッド・アトキンソンさんの主な主張は、いわゆる中小企業の淘汰です。最低賃金の引き上げにしても、引き上げた最低賃金を支払えない中小企業は潰れても構わないという論理です。これについてはいかがですか。

北村：これはかなりまずい話だと思っています。中小企業淘汰論については、当然世論の反発も強い。そこで今は、地方銀行の淘汰をやろうとしていますよね。これには十分注意が必要です。地銀が淘汰されると、中小企業も必ず淘汰されてしまうからです。半沢直樹のような銀行員がいて、地元の企業をサポートしながら一緒に成長していくというのが地方銀行の役割です。しかし地銀の淘汰が始まると支店の統廃合が起き、これを遠因にして中小企業淘汰につながっていく。非常にまずいと思います。

日本の経済を支えているのは中小企業です。そもそもの前提がまったくわかっていない、お門違いな話としか言いようがありません。なぜ淘汰したがるのか、私もすごく不思議なんです。私はむしろ、小さな企業や会社を守る体制をつくりたいと思っています。

――個人的には、アトキンソンさんが一評論家としてそういう意見をお持ちなのは構わないと思いますが、それが政策として実現されていくとなると……。

北村：生産性革命がなぜ淘汰につながるのか。議論のステージが違うと思います。生産性を上げていくことはもちろん必要ですが、それは淘汰とは違います。小泉構造改革で、生産性の低いところから高いところに、という動きがあったせいで、「生産性」という言葉が免罪符になり、結果として「生産性を高めるためには淘汰ですよね」という空気ができているのだと思いますが、生産性の向上と淘汰はまったく別のものです。生産性の向上が淘汰につながってはいけません。

――竹中平蔵さんが会長を務めるパソナの純利益が、コロナの利権と五輪の利権により、過去最高です。竹中さんのこうした姿をどうご覧になりますか。

北村：どこまで言っていいのかわかりませんが、正直「恥ずかしくないのかな?」と思ってしまいます。もし私が彼の立場だったら……恥ずかしいですね。

――次の総選挙と来年の参議院選挙に向けて、特に経済政策では何を訴えていきますか。

北村：私たち「れいわ新選組」の具体的な政策については、これからよいものが出てきますので、発表までもう少しお待ちいただければと思います。これまでの緊縮財政下でのお友達優先のトップダウン型、トリクルダウン型ともいえる経済政策とは、完全に異なる路線です。私たちがやりたいのは、この国に生きる人たちに、物を買う力、消費する力をつけていただき、それをエンジンにして経済を回していく、ボトムアップ型の経済政策です。これは今後も変わりません。国が豊かになるためには、まずはあなたが豊かになること。これが私たちの強い思いです。

元金融マン、北村イタル「れいわ新選組」衆議院東京都第二区総支部長に聞く

浜田聡、旧「NHKから国民を守る党」政調会長に聞く

大型減税、NHK・テレビ改革、医療改革が経済を救う

浜田 聡｜はまだ　さとし
比例代表選出、参議院議員、みんなの党
一九七七年京都府生まれ。東京大学大学院教育学研究科修士課程修了、京都大学医学部医学科卒業。青森県十和田市立中央病院で初期研修の後、岡山県内の病院で放射線科医として勤務。日本医学放射線学会放射線科専門医◎岡山県議選、参院選（比例代表）、埼玉県知事選、東大阪市長選に挑戦（いずれも落選）、二〇一九年一〇月参議院議員立花孝志の参議院埼玉県選出議員補欠選挙出馬による自動失職に伴い、参議院議員に繰上当選となる。当選一回

――まずは、旧「NHKから国民を守る党（N国党）」の経済政策を教えてください。

浜田：党として経済政策がどうこうというのは特にありません。ご存知のように、我々はさまざまな主張や考え方を持つ人たちがそれぞれに政治団体を立ち上げ、諸派党として選挙に挑戦する、という諸派党構想のもとに始まりました。

――諸派党構想とは、「子供未来党」や「ジャックケイパー党」「HAGE党」「ホリエモン新党」「つばさの党」など、報道では「諸派」とされる政治団体を集めようという構想ですね。

浜田：その通りです。政治主張をお持ちで選挙に出てみたいという方は、おそらく全国にたくさんいると思うのですが、国政選挙への出馬というのは結構ハードルが高い。出馬できたとしても、特に衆議院選挙は既成の国政政党に属しているかどうかで、かなり格差・差別があるんです。我々は、国政政党としてそのプラットフォームを準備しようと考えています。出馬の際に出さなくてはならない供託金を支援するなど、選挙に出て何かを訴えたいという方に、場を提供するのが「諸派党構想」です。

諸派党の中には経済政策を訴える者もおりますし、公約として経済政策を訴えてはいなくても、当選した際には、何らかの経済政策を行っていく人もいると思うので、人によるかなと思います。

――浜田さんご自身の経済政策というか、目標は。

浜田：私の基本的なテーマは減税です。

――どういった減税でしょうか。

浜田：基本的には、全種類の税を減税しようと考えています。可能であれば税の項目そのものを減らしていきたいですし、制度が複雑になっている税についてはわかりやすく、シンプルにします。一般の人にも理解しやすくすることは大事ではないかと思っております。

――ここをこう変えたいというのがあれば、詳細を。

浜田：特別にはないのですが、思い入れがあるのは消費税でしょうか。やはりわかりやすいですし、多くの人に影響を及ぼしていますから。消費税の減税に関しては、参議院の法制局に法案の骨子を作ってもらったことがあり、その意味でも私にとって思い入れが強いですね。

――消費税にこだわる理由は何でしょうか。

浜田：すべての人にかかわってくる問題だからです。一パーセント、二パーセントの違いが国の景気を左右します。消費税は非常に重要だと考えております。

――消費税はゼロを目指すのでしょうか？　それとも五パーセントでしょうか？

浜田：法案作成にあたっては五パーセントに設定しました。

――それでどのような経済効果が見込まれますか。

浜田：五パーセントにすれば、過去に五パーセントから八パーセント、八パーセントから一〇パーセントに上げたことで落ち込んだぶんが、戻るのではないかと思っています。

――消費税減税は恒久的でしょうか、時限的でしょうか。

浜田：私としては、すべて減税の方向なので、その意味では時限的とは言い難いと思います。

――恒久的ということですね。たとえば「立憲民主党」は一年間限定で、年収一〇〇〇万円以下の世帯の所得税をゼロにしろとおっしゃっています。そういったアイデアについてはどうお考えでしょうか。

浜田：減税という方向性は一致しているので、歓迎すべきだと思います。

――減税にこだわることになったきっかけ、あるいはどなたか影響を受けた人物がいらっしゃいますか。

浜田：減税について影響を受けたのは、『税高くして国亡ぶ』（ワック）を書かれた英語学者で評論家の渡部昇一さん。それから、「自民党」の山田宏参院議員ですね。

――杉並区長を務めた山田さんは、無税国家が基本理念ですね。

浜田：山田さんが書かれた減税の本は、私も参考にしております。あとは「減税日本」代表の河村たかし名古屋市長。若い方では、渡瀬裕哉さん。渡瀬さんの『税金下げろ、規制をなくせ――日本経済復活の処方箋』（光文社新書）には、私も登場させていただきました。

――渡瀬さんの本ではどのようなことを主張されたのですか。

浜田：消費税の減税の法案についてです。法案の骨子をつくったことを高く評価してくださって、国会議員一人でもすぐに法案の骨子は参議院の調査室や国会の法制局を使えば作れるということを示すことができました（議員立法の場合、衆議院ならば衆議院法制局、参議院ならば参議院法制局が支援してくれる)。国会議員一人でも作れるのなら、他の大政党の議員はなおさら作ることは可能だと思います。大政党であれば法案を提出することもできます(議員が法律案を提出するには、衆議院では二〇人以上、参議院では一〇人以上の賛成者がなければならない)。なので、減税を訴えるのであれば法案提出までいくべきだというふうな考えが広まったのではないでしょうか。実際に日本維新の会は減税法案をつくって、それを提出しています。そういう先駆者的な面を渡瀬さんが評価してくださったのだと思います。

――減税で目指すのはやはり、小さな政府だと思います。一方で増税、格差是正のために増税が必要という議論もある。たとえば所得税は、収入が増えるに従って上り坂のように上がっていきますが、年収が一億円を超えると、今度は下り坂のように下がっていく。そこに課税強化する、累進性を強化するという案には反対でしょうか。

浜田:減税を進めるのが基本ですので、高所得者の方にも減税してしかるべきだと思います。

――税の累進性は考慮されないのでしょうか。それとも、税率を一律にする、つまり、税のフラット化をお考えでしょうか。

浜田:減税につながるのであればどちらでも、こだわりません。

――全世代に減税ということですか。

浜田：そうです。

――アベノミクスが八年間続き、今また、菅義偉首相がスガノミクスとも言っています。これについてはどうお考えですか。アベノミクスをどう総括されますか。

浜田：アベノミクスには三本の矢がありますが、第一の矢は成功、第二の矢は大失敗、第三の矢は道半ばと評価しております。第一の矢は大胆な金融政策で、アベノミクスを象徴する経済政策だと思います。民主党から政権交代した安倍晋三さんは、当時の白川方明日銀総裁の首を任期途中で切って、黒田東彦さんを総裁にしました。黒田さんが「黒田バズーカ」といわれるほどの金融緩和を行い、実際にお金の流通量を増やした結果、株価が上がり、景気がよくなったのは、みなさんご承知の事実です。第二の矢は財政政策ですね（アベノミクスでは二本目の矢として「機動的な財政政策」を提示した。つまり、大胆な財政出動だ。一年目は国土強靭化などを謳い支出が多かったが、それ以降は緊縮財政と多数のエコノミストから非難されている）。財政政策においては、二回も消費税を上げたのは失敗だと思います。景気が上向き始め、安倍政権の支持率が上がってきたところで増税をしたのですから。これで景気を落ち込ませてしまった。失策だったと思います。

――第三の矢は成長戦略、あるいは岩盤規制改革ですね。これはどうお考えですか。

浜田：安倍さんも菅さんも規制緩和を進めるということで、やる気を感じる部分もあるのですが、実際には規制の数自体は年々増えており、市場への新規参入が妨げられてしまっています。規制をむしろ取っ払っていけば、今後の経済成長につながっていくのではないでしょうか。

NHK問題の核心とは？

――規制改革というと、浜田さんはNHK問題に熱心に取り組まれています。受信料を払った人だけが見られるスクランブル放送化も含めて、NHK政策については、どのようなことを目指していますか。

浜田：NHKのスクランブル化はもちろん、放送行政に関しては、特に先進諸国で主流になってきている電波のオークション、入札制度を導入すべきだと考えています。現状、日本では、総務省の官僚が権利を掌握し、差配している状態です。そのため既存のテレビ局がよい帯域の電波を独占しており、開放されていません。これを開放し、多くの放送局に参入していただくことで、放送に競争を生み出したい。競争にさらすことで各局の放送内容も変わってくるでしょうし、ブラックボックス化している電波の問題も、透明化していく。地上波の健全化につながると考えています。

――海外では、例えばフランスが、放送をデジタル化し、多チャンネルになりました。そういう方向を目指すということですよね？

浜田：そうですね。今のままだとちょっと放送局が少なすぎる気がします。

――立花孝志さんが二〇一九年に参議院議員に当選した後お辞めになり、浜田さんが参議院議員になられたわけですが、当選後、ＮＨＫ改革については何が進んだのでしょうか。

浜田：私が国会でＮＨＫの集金人による弁護士法違反について指摘したところ、その直後からＮＨＫが裁判をいくつか取り下げたことがありましたし、ＮＨＫの集金人の問題が国会で提起されるようになりました。そういうこともあってか、二〇二〇年末には前田晃伸会長が営業方針を見直すと言い始めた。新年度以降、委託業者による営業は行わない方針になったのです。これらは我々の成果と考えていいのではないかと思います。

――NHK問題に詳しくない人も多いので、二点うかがいます。一点目は弁護士法違反とはどういうことなのか。二点目は委託先を改革するというのは、どういうことなのか。

浜田：我々が問題にしているのは、弁護士法第七二条違反です。弁護士法第七二条では、当事者でもなく、弁護士または弁護士法人でもない者が、各世帯を訪ねて法律事務に値するような法律的交渉にあたることは認められていません。つまり禁止されているわけです。NHKの訪問員はまず、NHK本体ではなく、NHKが委託した業者です。しかも、弁護士や弁護士法人でもありませんから、法律の素人なわけです。それがNHKから委託されて各家庭に赴き、契約や受信料の支払いを迫ったりする。中には、高利貸しのような、ヤクザのような人が非常に強引な取り立てをしている。そのこと自体が大きな問題ですし、弁護士法第七二条違反に該当する、と言っているのです。

――NHK問題の改革で一番のご主張は、スクランブル放送の実現、つまり、NHKを見たくない人は見なくてもいいし、見たい人はお金を払って見るようにする。そういう理解でよろしいですか。

浜田：順位をつけるとすると、というか解決できる順番でいうと、NHKの委託訪問員、集金人からのいじめによって被害を受けている人を守る、そうした被害をなくすことが最優先かなと思います。その先に、多くの不満があるNHK受信料問題を解決するスクランブル化が来る。優先順位としては、悪質な訪問行為の撲滅が最優先です。それが実現すれば、スクランブル化にもつながっていくと推察しています。

――スクランブル化が実現したらどうなりますかね。

浜田：集金人の問題は道半ばとはいえ、解決しつつあります。我々の開設しているコールセンター（旧「N国党」が運営しているNHK被害の相談窓口）には今も相談が来ていますし、各地方議員のところにも悪質な訪問人の報告は入ってきているので、なくなってはいませんが、減ってはきています。

――旧「N国党」を離れた「テレビ改革党」のくつざわ亮治代表が、「立花孝志さんのやり方では、受信料を拒否しても裁判で負けてしまう」というツイートをし、削除しました。あの発言についてはどうお考えですか。

浜田：裁判になったことは致し方ないと思っています。裁判所の判決には素直に従う、ということです。裁判では、契約者に限って時効が五年であると決まりました。五年分以上の受信料は払わなくてよいという判例ができたことになります。ＮＨＫが訴えているのも、不払い者のうちごくわずかの人です。一日二件、年間七〇〇件ほどだったと承知しております。ＮＨＫから訴訟を起こされる確率は、極めて低いと言える状況です。

――基本的なところを改めてうかがいたいのですが、ＮＨＫは視聴しておらず受信料を払いたくないという人には、どうアドバイスしているのですか。

浜田：放送受信設備を設置した者は、ＮＨＫと契約しなければならないと、放送法六四条に定められています。最高裁まで争われた裁判の判決は確定していて、設備を設置した者は必ず契約をしなくてはなりません。逆に、設備を持っていない人は契約する必要はありません。我々としては法律違反をするつもりはありませんので、受信機を設置したらまず契約をし、その上で不払いを求めていきます。それで訴えられたら、我々が裁判費用をお支払いします、とお伝えしています。

――ＮＨＫは受信料が高いですから、それを払わなくて済むというのも、経済政策といえば経済政策になりますね。

浜田：そうですね。税金と同様、受信料は我々の自由を縛るものです。その自由を縛るものを少なくしていこうという意味では、減税と共通していると思います。

――自由を縛られるのが嫌ということは、リバタリアニズム的な思想に惹かれるということでしょうか。

浜田：そうかもしれませんね。リバタリアンとは何なのか、そこまで詳細に存じ上げてはおりませんが。

――リバタリアン的政策ということでいうと、医療目的だけではなく嗜好品としての大麻使用についても、賛成ですか。

浜田：それについてはまだ詳細は存じ上げませんが、必要な規制であれば残すべきですし、余計なものは取っ払ってもいいと思います。利権が絡んでいるだけの規制なら、取っ払っていくべきだと考えます。

――浜田さんはお医者さんでもあります。かつて徳洲会を立ち上げて日本医師会と戦った徳田虎雄・元衆院議員が自由連合という党で医療改革を謳われていましたが、医師の立場から、医療に改革すべき点はあると思いますか。

浜田：あると思います。一つはやはり予防接種などワクチンに関する政策ですね。たとえばアメリカで行われているＡＣＩＰ（予防接種の実施に関する諮問委員会）制度を導入してもいいのではないかと思います。これは、アメリカでのワクチン行政の方針を最終決定する委員会です。ＡＣＩＰの会議は非常に透明化が高い。インターネットで配信されていますし、オブザーバーとして一般の方も参加・発言します。採決する一五人は各医療系団体の代表をはじめ多分野の代表などで、製薬会社などの利害関係者は省かれています。中でも特徴的なのが、予防接種される側の人が入っている点です。副作用を心配し、予防接種に否定的な反対派もおり、きちんと意見を言うことができます。さまざまな立場の人が、全世界に発信される透明な会議で議論を戦わせ、最終的にアメリカの予防接種行政を司る。アメリカが予防接種において超先進国と呼ばれる所以です。この制度は、日本にも入れてもいいのではないかと思います。日本はとくに反ワクチンの方の主張が強い印象があります。透明化された制度があれば、日本の状況もよくなると思います。その結果、国内の製薬会社のワクチン開発も進むのではないでしょうか。

まずは経済成長が重要

——立花党首はベーシックインカムを主張されていたと思いますが、ベーシックインカムについてのご見解をうかがえますか？

浜田：私の個人的な意見としては、どちらかといえば、やってみてもいいのではないかと思っております。ベーシックインカムのよいところは、全国民一律ということです。誰かが得をして誰かが損をするというわけではないという意味で、導入してもよいのではないでしょうか。誰もが無条件でお金をもらえますので、差配のコストが抑えられます。ゼロにはならないでしょうけれど、なくなる道筋をつけます。また、現状の社会保障費をかなり削ることができるという点でも、賛成です。具体的にどう設計し、実施していくかについては議論があるでしょうし、その方向性を決定するのは難しいと思いますが。

――日本維新の会はベーシックインカムを公約に掲げています。竹中平蔵氏は、生活保護や年金制度をベーシックインカムに置き換えろ、という過激な主張ですが、維新は、比較的金額の低い国民年金をベーシックインカムに置き換えると言っています。また、生活保護も五万円の住宅扶助を含め、平均一三万円もらえますので、住宅扶助の部分は生活保護で残し、差額の八万円をベーシックインカムに置き換えようと提案しています。こうした意見についてはどうお考えですか。

浜田：詳細に検討されていて、すばらしいことだと思います。「維新の会」さんのご主張は、どんどん進めていただきたいです。我が党としては、今のところあくまでも方向性として賛成というだけですね。制度設計についてはこれからという感じです。社会保障すべてをなくすのは難しいと思いますので、現状の社会保障を残し、その上でベーシックインカムを導入して、社会保障の額を減らしていくというのが現実的ではないかと思います。

――政府は「骨太の方針」に、表現はやや柔らかくなりましたが、二〇二五年度のプライマリーバランス黒字化が明記されましたが、どうお考えですか。また、財政健全化についてのご意見をお願いします。

浜田：その二点を分けて言えるかわかりませんが、私は財政再建よりも経済成長が重要だと思います。経済成長をすれば、自ずと財政は再建される。両立というよりは、経済成長優先でいいのではないか、経済成長によって財政再建の達成を目指せばいいと思っています。その意味で、目標として、経済成長を前面に押し出してほしいですね。

――京都大学の藤井聡教授が、各国の財政健全化の例を調べ、うまくいったケースといかなかったケースを精査しました。うまくいったのは、経済成長によって借金を返していく、あるいは借金を減らしていくというものでした。経済成長なしでただ社会保障のようなコストだけを切っていってしまう、コストカットだけで目指す財政健全化は失敗する、とおっしゃっていました。次に、現代貨幣理論（MMT）をどう思われますか。参考にされたことがあれば教えてください。

浜田：MMTについては、わかりやすいところがあるという意味で評価はしています。特にインフレ率を目安にしながら、貨幣や国債をどんどん発行し、財政出動をしていいというのはわかりやすいですし、国民のお金への意識を変えたという意味では大きく評価していいと思います。わからないのは、金融政策を無効としている点です。そこだけは理解ができません。

――なるほど。小泉改革が格差を拡大したのではないかという議論があります。三〇年のスパンで見ると、明らかに格差は開いてきています。格差是正の政策について、個人的なご意見で結構です、うかがえますか。

浜田：個人的には、格差の是正より経済成長が重要だと思っています。極端に言うと、格差がある程度あるのは仕方がない。上のほうの人たちからいくら税金を取ろうとしても、かれらは知恵が回るので、どうにかして回避する方法を見つけてしまう。締め付けるよりは、むしろ自由度を上げて経済成長を目指し、下のほうの人たちが今より少しでも上がるような政策を行っていくべきだと思います。

――パイを広げていくということですね。

浜田：そうですね。それこそが重要です。

――アメリカがバイデン政権に変わりましたが、経済政策の参考になった点はありますか。

浜田：バイデン政権は財政出動をガッチリとやっていますし、今後は法人税を上げるとも明言していますね。それがどんな影響をもたらすか、注目しています。

――菅政権のブレーンといわれるデービッド・アトキンソン氏の中小企業淘汰論についてのご見解は。

浜田：私の理解しているところでは、中小企業が林立していると効率がよくないので、それらが組み合わさって大きくなれば効率が上がるということですよね。一理あるとは思いますが、一緒になれば必ずしもうまく行くかというと、そうともいえない点もあり、ケースバイケースだと考えます。実践はなかなか難しいと思いますが、言っていることはわかりますし、個人的には、社会の中で生きていけない企業は淘汰されるべきだと思います。時代に適応した企業が残るというのはある意味健全です。その意味では評価してよいところとできないところが混在していると思います。

――二〇二一年の参議院選挙はどんな体制で何を訴え、どう戦っていかれますか。

浜田：我が党は、立花党首のひらめき次第なので、そこに期待しております。二〇一九年の参議院選挙では、大きな方針が告示日の一ヶ月前に変わりました。もともとは一〇人――比例二人と選挙区八人――で選挙に臨もうとしていたんです。とりあえず比例に出るには全国で一〇人出さないといけないということで、供託金を抑えるために人数を抑えようとしていたのですが、直前で立花党首が政党助成金の仕組みを理解し、候補者は多いほうがお金が入ってくることに気づき、一ヶ月前に選挙方針がガラッと変わったのです。それが功を奏した。今回も立花党首のひらめきに期待していますし、そのおかげでできたのが、先ほどお話しした諸派党構想だと思います。

――立花孝志党首は、ひらめいては考え方を変えることが多い印象ですが、諸派党構想については一貫して変わっていない。なぜだと思いますか？

浜田：諸派党構想によって、衆院選挙につきものの国政政党とそれ以外の政治団体の間のハードルというか格差、差別をなくすことができる。これは、政治に挑戦したい方が政治参加できる、政見放送までできるプラットフォームなのだという確信があるからだと思います。党首は常々、国政政党の舞台をいろんな人に利用してもらいたいと言っています。そういう考えが根本にあるから、それを実践できる諸派党構想についてはブレないのではないかと推察しています。

――財政緊縮より財政出動を重視されますか。

浜田：個人的には、何かの減税をしたときに、じゃあその財源はどこから出るのかという、その考え方がおかしいと思っています。財源を求めるより、まずは支出をスリムにすればいいのではないか。その意味では、緊縮につながるかもしれません。

――小さな政府ということですね。

浜田：そうです。支出を減らす。賢い支出にすると。最近、財務省の事務次官になられた矢野康治さんは、賢い支出を唱えられていましたので、今後の財務省に注目したいです。

――総選挙・参議院選挙を戦うにあたり、国民へのメッセージをお願いします。

浜田：我々は、政治を志す多くの方に、我々の国政政党としての舞台を使って選挙に、政治に挑戦してもらいたいと考えております。この本を読まれて、選挙に挑戦したいという方はぜひそうしてほしいですし、そうでない方も、我々がこういった方針で政治を行っていることに、注目していただければと思います。

二〇二一年九月九日現在の旧「ＮＨＫから国民を守る党」の党名は「ＮＨＫと裁判してる党弁護士法72条違反で」となっています。

落合貴之「立憲民主党」政調副会長に聞く

日本経済から健全な成長を奪ったアベノミクスをただし、一億総中流を復活させる！

落合貴之《おちあい　たかゆき》

小選挙区（東京都第六区）選出、衆議院議員、立憲民主党一九七九年東京都生まれ。慶應義塾大学経済学部卒業。三井住友銀行元行員、党政務調査会副会長、党経済政策調査会事務局長◎著書に『君も政治家になろう』（共著）、『民政立国論――一人ひとりが目指し、挑み、切り拓く新世界』がある。当選二回

合併によって強化された経済政策

――「立憲民主党」の経済司令塔である「経済政策調査会」での経済政策の「中間とりまとめ」は、これまでと違って、かなり財政積極路線になりました。まずはそこに至った経緯を教えてください。

落合：「立憲民主党」はもともと緊縮路線だったのに、「中間とりまとめ」は積極財政になったじゃないかということですね。新生「立憲民主党」になって何か変化があったのか、と。経済政策調査会が立ち上がったのは二〇二〇年九月、「国民民主党」などとの合併後のことです。旧「国民民主党」出身の泉健太衆院議員が政調会長になり、私は泉さんから連絡をもらって政調副会長に就きました。主な役目は、経済政策の補佐です。また枝野幸男代表が代表代行に江田憲司さんを指名し、江田さんは経済政策担当の代表代行ということになりました。

――代表代行は三人いらして、他の方は、広報担当が蓮舫参院議員、選挙担当が平野博文衆院議員ですね。

落合：はい。経済政策調査会の会長は江田憲司さん、取りまとめ役の事務局長が私です。先ほど「立憲民主党」はもともと緊縮路線だったとおっしゃいましたが、我々は栃木県知事だった福田昭夫衆院議員と二〇一九年頃から一緒に勉強会をやっていて、そこでのとりまとめも、消費税減税を柱に据えていました。それに賛同する議員が、二〇一九年の段階ですでに旧・立憲民主党の半分くらいを占めていました。枝野さんは経済政策だけでなく、あらゆる分野で慎重な物言いをする人なので、誤解が生じていたのだと思います。私が枝野さんと話した範囲では、枝野さんが消費税増税をしたほうがよいと言うのを聞いたことはありませんし、場合によっては消費税を含む減税も選択肢にすべきだと言ってきた。その意味で、旧「立憲民主党」時代から緊縮路線だったという感じはないんです。枝野代表の周辺のブレーンの中には緊縮的な考えの方がいた可能性はあり、そのせいで枝野代表は緊縮志向だと思われたのかもしれません。

我々はボトムアップ型の政党ですから、経済政策もボトムアップで行こうということで、多くの議員から意見を集め、減税のみならず現金給付や累進課税への見直しを含めて議論してきました。逆進性のある消費税は下げ、金融所得課税や法人税、所得税についてはもう少し累進化していこうと。所得税率が最高七五パーセントだったかつてほどとは言わずとも、今よりは累進性をつけようというのが我々の立場です。江田さんと私とで従来の路線と矛盾しない形に整理をしたのが、あの「中間とりまとめ」であって、路線変更をしたわけではありません。これまではっきり言っていなかったことを、はっきり示したという感じです。

——消費税についても枝野さんはずっと慎重な物言いでしたね。「消費税五パーセントへの減税は時限的に」と枝野さんはおっしゃり、江田さんは「時限的に減税して、政権を取ったときに、財源を確保できるとわかれば恒久的にする」と言われている。消費税五パーセント減税については、党内の調整で大変だったことはありますか。

落合：経済政策調査会では、減税への反対意見は出ませんでした。個人的に江田会長に文句を言いに行った人はいるかもしれませんが、みんなが見ている中では、まったくなかった。私はずっと党の税制調査会にも在籍し、ほぼすべての会合に出席していますが、そこでも減税を求める声がほとんどでした。マスコミは意見が食い違ったと書きたいのでしょうけれど、内部に対立はなかったんです。そもそも存在しない対立を、わざと新聞に書く必要があるのか、と取材の際には申し上げましたが。

――国民民主党のメンバーが加わったことで、積極財政の姿勢がより明確になったということはありませんか？

落合：それは、ある程度はありますね。立憲民主党は、現職一五人で設立し、二〇一七年の総選挙を経て、新人、現職含めて五〇人強ぐらいの衆院議員が属する政党に成長したのですが、枝野さんが人を集めてできた政党なので、やはり人材の得意分野が偏っているんです。経済系の仕事の経験者は元銀行員の私と、経済評論家だった海江田万里衆院議員くらいで、経済政策が得意な人が少なかった。その意味では国民民主党が加わったことで、政策の幅というか、専門家の幅が広がったとは言えると思います。経済に明るく、経済政策について発信していた人も国民民主党のほうが多かったので、合併によって仕事がやりやすくなったというのはありますね。経済分野のことを何から何まで我々が背負わなくても、多くの人と分担して政策が作れるようになりました。

――マニフェストでは、どのような経済政策を掲げていく予定ですか。

落合：我々の「中間とりまとめ」は立憲民主党のホームページでも公表していますし、記者の方々にも配っていますので、これと矛盾するようなマニフェストが出ることはありえません。どこを強調し、どう見せるかは、そのときの状況にもよると思います。我々は野党なので、与党が何を強調するかによっても変わってくる。枝野さんの会見などで、少しずつ見えてくるのではないでしょうか。

一億総中流の時代を復活させる五本柱

――枝野さんは今後、経済や農林水産業など、個別のテーマごとに政策を発表していくとおっしゃっています。「中間とりまとめ」では、一億総中流社会の復活という話も出てきた。そのためにどんな提案をされますか。

落合：特にこの三〇年くらいで世界各国でも、かつてぶ厚かったはずの中間所得層が両極に分かれ、反乱を起こしました。フランスでは黄色いベスト運動が、イギリスではブレグジット問題、アメリカでもトランプ現象が起きた。日本も例外ではありません。かつての日本は一億総中流と言われていましたが、中間所得層が減り、低所得者と高所得者の両方が増えてきている。分厚い中間層が薄くなることの問題は、内需の減少です。GDPの六割近くを占める内需が減れば、経済成長はできません。だからこそ所得が落ちてしまった大多数の人たちを真ん中あたりまで引き上げなくてはならない。それが一億総中流の時代を復活させる、と柱に掲げた意味です。

我々の「中間とりまとめ」で提示したのは、まずは再分配機能の強化です。逆進性のある消費税は減らし、累進化できる部分はもう少し累進性をアップさせる。そうすることで、所得が少ないせいで消費できない人たちにお金を回していく。そうすれば必ず消費はのびる。富裕層にお金が流れるようにするより効果的です。内需が増えれば、給料も上がりやすくなり、中間所得層を復活させる素地ができていくと思います。

もう一つは、枝野代表と江田代表代行も強調しているベーシックサービスです。ベーシックインカムと何が違うのかというと、ベーシックインカムは最低限の現金収入を、ベーシックサービスは最低限の行政サービスや医療、教育を提供するもの、いわば現金支給と現物支給の違いです。この、子育てや介護、住宅や教育といった、生きていく上で最低限必要なものはなるべく無償に近づけていこうというのが我々の主張です。

自民党政権はもう何十年も、外需を取り込むことを経済政策の柱としてきましたが、そのせいで内需が弱くなってしまった。外需も重要ですが、内需の強化も必須です。我々は分権・分散型経済を実現すると謳っています。これは各地域内でもう少しお金が回るようにしま

日本の資本金10億円以上の企業の売上高、給与、配当金、設備投資等の推移

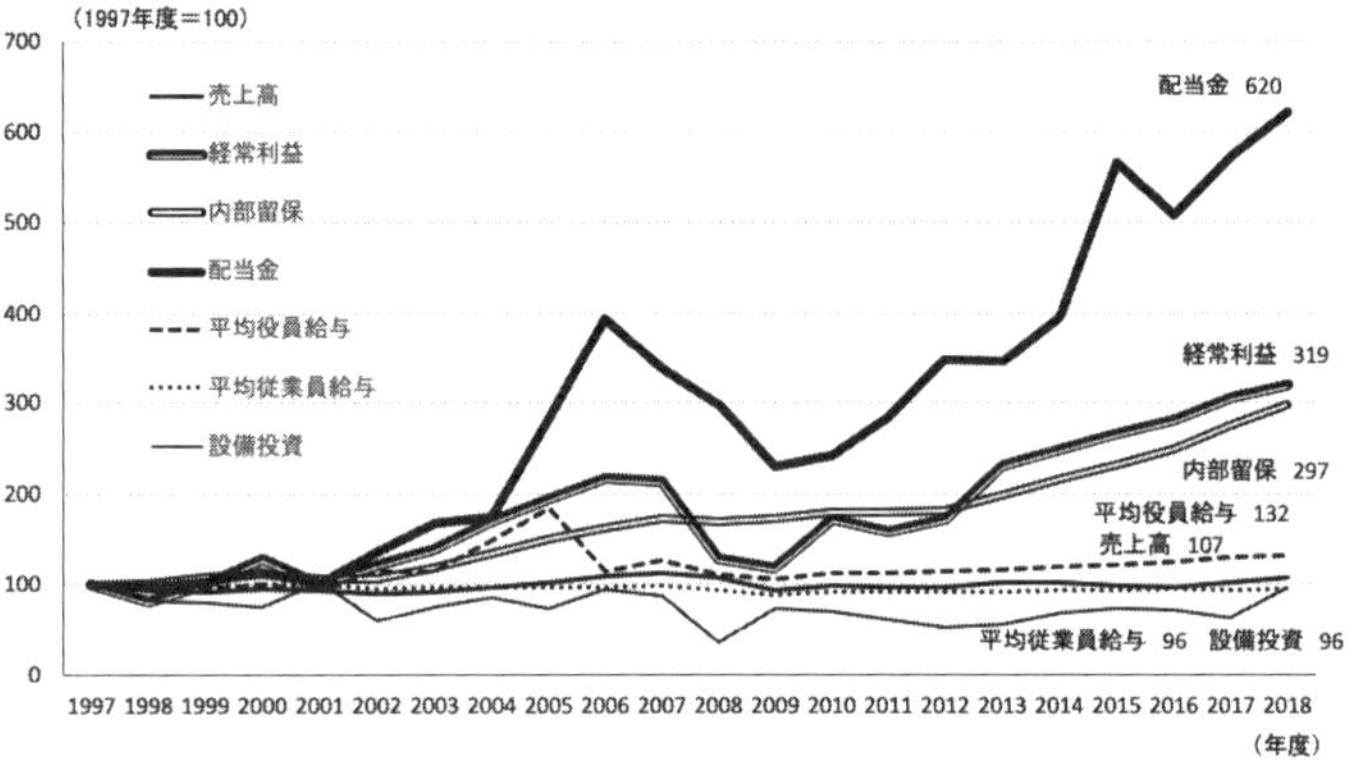

出典：財務省「法人企業統計」

しょう、という内需強化策です。かつては化石燃料をどうしても外国から買わなくてはならず、外貨を稼ぐ必要がありましたが、今や再生可能エネルギーの時代です。再エネを普及させ、エネルギー自給率を高めていけば、外需はそこまで必要ではなくなってくる。再エネ普及と内需の向上の両方が重要だと考えています。

四つ目としては、最低賃金の向上です。最低賃金付近から抜け出せない非正規雇用の人が労働者人口の四割もいることを考えると、中小企業に補助を出してでも上げていく必要がある。

さらに、これまでの公約にはなかった、株主資本主義から脱却し、公益資本主義的な考え方を導入していきます。

上図は九〇年代後半以降、企業のお金の使い方がどう変わってきたかを示したグラ

フです。この四半世紀で利益は三倍になりましたが、売り上げは一〇七パーセント、ほとんど変化がありません。売り上げが変わってないのに、なぜ利益が上がったのか。それは、賃金や設備投資額が九〇年代後半より下がっているからです。デジタル化も遅れているし、太陽光パネルの生産量も少ない。かつて四割だった世界シェアが、今は一パーセント以下。まったくダメな状況です。その代わり、配当金は六倍になっている。つまり、企業のお金がすべて株主に行くようになっているのです。

従業員にも還元されず、企業自体の成長にもお金が使われないというこの状況を変えていくことが重要です。アメリカの経団連にあたる団体も、二年ほど前から「これからは株主至上主義ではなく、ステイクホルダー資本主義だ」と言い始めています。会社は株主のためだけに存在しているわけではありません。働いている人、お客さん、地域社会のためでもあるのだから、売り上げはそれぞれに分配しなくてはならないという問題提起なのです。政府だけでなく、企業のお金の使い方にも変革が必要だというのは、アメリカにおいてさえコロナ以前から言われてきたことであり、日本も金融ビッグバン以降続いている株主への偏重を直すべきです。

ともかく、我が党としては、この五本柱で所得向上を中心とした、よい経済循環を生み出していくことが重要であり、それが中間所得層の復活につながっていくと考えています。

――ベーシックサービスの話が出ました。この言葉を普及させたのは慶應義塾大学の井手英策先生だと思いますが、井手先生の場合はコロナ以降も依然として消費税に財源を見いだそうとされている。消費税を一六パーセントにしてベーシックサービスを無償化にしろと主張されています。ベーシックサービス無償化に向けて動く場合、財源はどこに求めるおつもりでしょうか。

落合：財源は消費税以外の部分に求めるというのが、経済政策調査会の方針です。いつも国会質問で申し上げているのですが、消費税八パーセントの時点で、全税収における消費税の割合は三割以上を占めていました。現在は一〇パーセントなので、四割近くになっているでしょう。

――フランスが付加価値税二〇パーセント、スウェーデンは二五パーセントで、税収に占める割合が約三割。消費税八パーセントでもフランスやスウェーデン並みになっているということですね。

落合：そうです。それはつまり、他で税を取っていないということです。それなのに、一六パーセントまで上げるというのは、ちょっと偏りすぎです。税収の半分が消費税ということになってしまう。高福祉国家でさえ消費税ばかりでやっているわけではないのですから、お金持ちにしっかり負担してもらうことが肝要です。我々の試算では、所得税は最高税率を四五パーセントから五〇パーセントに上げ、法人税を累進化するだけで、数兆円の税収増が見込めます。あとは、金融所得課税をちょっと上げる。今が取らなすぎなのです。これらを行うだけで、消費税の五パーセントぶんくらいの財源はすぐに作れます。その財源を、ベーシックサービスに充てていこうというのです。

アベノミクスは健全に成長できない日本経済を作った

落合：次ページ上図は、アベノミクスの評価について聞かれたときに使っているものです。

――アベノミクスが始まって八年。菅義偉首相もこれを継承しているわけですが、現時点での評価をお願いします。

落合：アベノミクスの一年目は評価します。二〇一三年はデフレを脱却した、そのことはよかったと思います。その後については、コロナ前の二〇一九年までをまとめています。物価は七年間で一〇七パーセント。プラスに転じていますので、デフレではない状況は作れました。一方、賃金は一〇二パーセント。七年間で二パーセントしか上がらなかった。賃金の上昇率が物価上昇率より低いので、実質賃金としてはマイナスです。賃金がマイナスになった結果、世帯消費は一割も減りました。だから経済が成長できないのです。ＧＤＰは上がって

物価、名目賃金、実質賃金、消費支出の推移

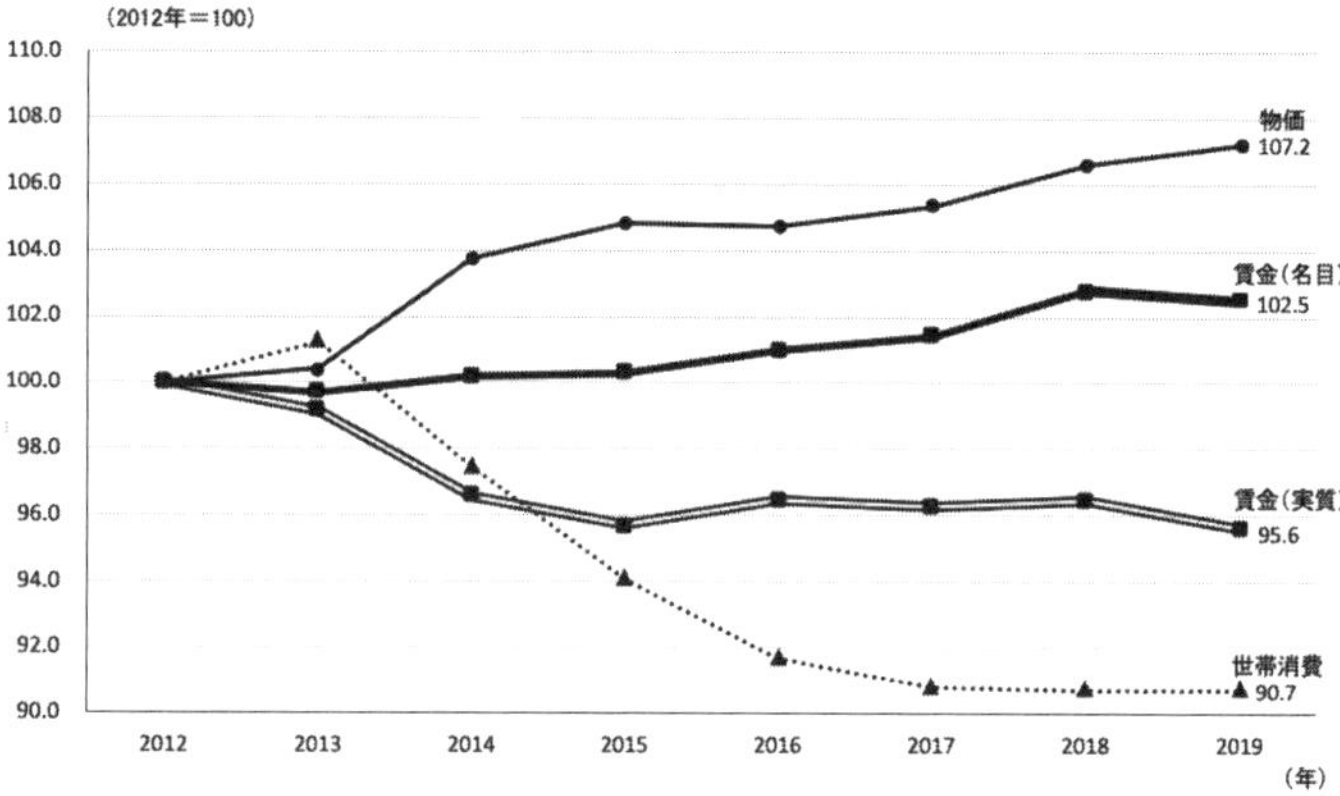

出典：厚生労働省「毎月勤労統計」、総務省「消費者物価指数」、総務省「消費動向指数」

年代別貯蓄ゼロ世帯の割合

	2012年	2017年
20歳代	38.9%	61.0%
30歳代	31.6%	40.4%
40歳代	34.4%	45.9%
50歳代	32.4%	43.0%
60歳代	26.7%	37.3%

出典：「家計の金融行動に関する世論調査」 金融広報中央委員会

いますが、押し上げているのは「その他」というよくわからない項目です。本来は「その他」ではなく、個人消費や設備投資といった王道の項目でGDPを上げるべきです。実際、国民は貧乏になってきたわけで、二〇一二年から一七年の五年間で見ると、二〇代では貯蓄ゼロ世帯の割合が全体の六割になってしまいました（前ページ下図）。一・六倍になっている。これから年金生活に入っていくはずの六〇代の約四割が、貯蓄ゼロという状況です。麻生太郎財務大臣は「老後までに二〇〇〇万〜三〇〇〇万貯めてください」と言っているけれど、あなたの経済政策は貯蓄ゼロの高齢者を増やしているじゃないか、と言いたい。資産についても厳しい状況になっているのです。

――それはなぜなのでしょう。アベノミクスで景気がよくなったと言われていますが。

落合：上がったのは株価だけで、収入は減っていますからね。現金収入が減れば、貯蓄は減ります。持ち家比率も減っていますし、エンゲル係数は上がっている。貯蓄ゼロ率の比較は、二〇一七年でやめました。それは、私が二〇一八年にこの数値を出して麻生さんに指摘したところ、統計の取り方が変わったからです。いきなり貯蓄ゼロの割合が減ったんですよ。

――それは山本太郎「れいわ新選組」代表もよく指摘していますね。

落合：そうですか。貯蓄ゼロがいきなり減っていて、なぜだろうと思ったら、保険などに入っている人は貯蓄ゼロではないというルールにそっと変更し、統計の取り方を変えていたんです。そうやってごまかしごまかししているのに、アベノミクスは成功していると言ってもダメです。株価を上げることに注力しすぎなんですよね。配当金が増えるような政策ばかりしてきたのは、株価を上げるためです。とにかく日本企業の株を買ってもらいたい。でもその配当金は、最も重要な賃金を減らして回している。さらに設備投資まで減らしていますから、産業競争力も落ちてくる。私は、成長できない日本経済をアベノミクスが作ってしまったと考えています。最初の一年はよかったけれど、そこから先、成長できない政策を続けてきたことは、非常に大きな問題です。そこにコロナが来てしまったのですから、状況は厳しいと思いますね。

――次にプライマリーバランスについてうかがいます。プライマリーバランスの二〇二五年度黒字化が「骨太の方針」で明記されました。聞いたところによると落合さんと同じ選挙区（衆院東京第六区）の「自民党」の方が、熱心な二〇二五年度黒字化論者だそうです。

落合：昔の大蔵族ですよね。財務省側の議員が主張していることです。私は、財政が何のためにあるかに立ち戻るべきだと思います。黒字化が財政の最大の目的ではないはずです。もちろん、景気が上向いているときに財政黒字化を目標に立てるのは、私も別によいと思います。でも、景気が苦しいときになぜ黒字化を最大の目標にするのか。それは優先順位が間違っています。あれほど緊縮財政をやれとうるさく言っていたＩＭＦ（国際通貨基金）でさえ、コロナ以降は、財政を緊縮するよりも、今困っている人を支えるのに使ってくださいと各国に伝えているのです。プライマリーバランスの黒字化は、今は凍結してよいのではないでしょうか。だって当たり前でしょう。そんなことを言っている国、他にありますか。

――ユーロ圏の国々も、コロナ以降、財政均衡は無視していますし、アメリカも今はガンガン赤字国債を発行して財政出動しています。

落合：財政政策というのは、医者と一緒だと思うんです。患者さんの体調が悪いときには、ちゃんとお金が流れるような政策をしなくてはいけない。患者の体調が悪いのに、悪い部分が悪化するような処方箋を出すというのは、プロとしておかしいと思います。政治家であれ官僚であれ、今の時代にまったく合わないことをやるのはプロではありません。

現状を把握し、過去を反省し、議論を前に進める

――次の総選挙、東京六区は財政出動派の落合さん対プライマリーバランス二〇二五年度黒字化を目指す自民党の方という、とてもわかりやすい戦いになりそうです。次に、消費税

についてうかがいたい。「民主党」政権時に三党合意で消費税を八パーセント、一〇パーセントへと引き上げることを決めた件についてはどうお考えですか？

落合：私はその総括を党として表に示すべきだと思います。曖昧にすべきじゃない。藤井聡先生が指摘するように、経済学者の多くが賛成していたんです。当時政府のヒアリングに来た経済学者たちは、消費税増税に賛成だった。専門家さえ間違えていたのですから、政治家だって間違いを認めていいと思うんです。それに、三党合意のときには、景気条項が入っていました。景気が悪ければ消費増税はしないという条項があったのですから、今はあのときとは状況が違うとはっきり言えばいい。今の「自民党」政権はその条項を破り、景気が悪くても消費税を上げようとしていますが、我々はそうではなかった。約束を破った「自民党」に対して、我々はそれには反対ですと言えばいいのです。経済を殺してまで増税しようとは、当時も今も思っていません。そのことを伝えつつ、楽観視しすぎていたことへの反省を示す必要がある。消費税増税は劇薬で、簡単に合意すべきではなかったという反省を、はっきり伝えるべきだと思います。私自身は、当時は「みんなの党」所属で、三党合意には反対の立場でしたが。

――消費税に関して、山本太郎さんが「れいわ新選組」を立ち上げて消費税廃止を一番の政策に掲げた。立憲民主党内でその影響はあったのでしょうか。

落合：山本太郎さんがよい意味で問題提起をしてくれたという部分はあると思います。その意味では、「れいわ」の存在を評価したい。私自身は、消費税廃止というよりは五パーセントくらいが適切だと思っているのですが、「れいわ」の問題提起がなければ、党内でも消費税引き下げまでの議論にはならず、引き上げ凍結程度で終わっていたと思います。消費税増税は財源を生む一方で、劇薬としての副作用も多い。その部分を真剣に議論するようになった点でも、プラスだったと思います。

――ソフトバンクがなぜ法人税ゼロなのかが、今ネットで議論になっています。Amazonについては、福島みずほ「社民党」党首が調べたところ、日本にあるのは倉庫だけで、他の機能はすべて海外にあるために法人税がゼロなのだということでした。

落合：私も国会議員として個別企業についてあれこれ言うことはできませんし、そこまで調べているわけではないのですが、仕組みとして、大企業向けの税制優遇措置はたくさんあります。企業献金をたくさんすると優遇を受けやすいとか、特定の設備投資をしたら、そのぶんだけ税額が控除されるとか、この投資をすれば損金に参入でき、利益を減らせるとか。そういった「租税特別措置」といわれる非常に複雑な仕組みがある。これは江田さんがよく指摘されるように、ブラックボックスになっている。ここをもう少し公平に見直せば、税収が上がるのは確かだと思います。

Amazonなど海外のネット企業はまた別の話です。かれらは日本政府の作った租税特別措置を使っているわけではありません。国際的な課税ルールの裏をかき、課税が少ない国に拠点を置いたりしている。納税は本社機能のある国でするわけですから。これについては私も長年取り上げ、国際問題だと指摘してきました。今回、国際的な枠組みとして最低税率一五パーセントはとりましょうという話が出てきた。世界各国共通の問題として、国際ルールを決めていくべき重要な問題であり、これこそ国会議員の仕事だと思います。

財政の支出先を間違えない

――数年前からMMT（現代貨幣理論）が流行っていますが、落合さんはどうお考えですか。参考、勉強になった点があれば教えてください。

落合：MMTは否定しないし、一理あると思います。ただ、MMTを論拠に政策の話はしないことにしています。まだ学術論争が決着していませんから。MMTの是非は政治家ではなく、学者の方たちに理論の専門家としてご判断いただきたい。MMTの登場でよかったと思うのは、財務省に反論することができるようになったことです。これまで財務省は数十年をかけて、お金はできる限り出さないほうがいいという考えを構築してきました。それに対して確信を持って反論する有効な手立てがなかったのですが、それがようやく出てきた。そのことはものすごく大きいと思います。MMTのような理論もあるのだから、もう少し金を出すべきだと言えますし、私は言わせてもらっています。

一方で、MMTの暴走もやや危惧しています。一つは財政支出のやり方についてです。物価上昇ばかりを気にしていると、賃金が上がらなかったときに大変なことになるからです。いつまでたっても賃金や年金が上がっていかない場合、物価が上昇するほど貧乏になってしまう。予算のつけ方には相当気をつけなくてはなりません。財政を支出するなら、家計にプラスになるところに出していく必要があります。

二つ目は、財政のタガを外すと、利益誘導型の予算をつけやすくなってしまうことです。現状でも、国民のためではなく、政治家の利益誘導のためにつけられている予算はたくさんある。その中で財政のタガを外し、いろんな予算がつけられるとなった場合、政権の周りの人だけが儲かるような国になる可能性がある。かなり気をつけなくてはいけないと思います。経済学的には、何でもかんでも金を出せば経済成長できるのかもしれませんが、政治の現場にいると、残念ながらそのお金が経済成長のためにちゃんと使われることは決してないとわかるんです。そこは政治家として強調していきたいと思います。

――落合さんは今はなき「みんなの党」から出馬されました。「みんなの党」の主張は、物価上昇率二パーセントを目指すなど、デフレ脱却方向でしたよね。デフレ脱却、インフレ目標について、党内の認識はどうでしょうか。

落合：少なくとも、金融を引き締めるべきだとか、デフレでもよいというような議論はありませんね。「立憲民主党」には、金融引き締め派も財政引き締め派もほとんどいない。金融緩和の意義は、多くの議員に理解されていると考えてよいと思います。金融政策にしろ、財政にしろ、具体的な方法については人によって考えが違いますが、何らかの形で経済成長はしなくてはならないという点は一致しています。

――最後に、国民へのメッセージをお願いします。

落合：私は、今回の選挙では、「アベノミクスは間違いだった」とはっきり言ってよいと思っています。国民が貧乏になっているのに、経済政策が成功したと言う政権はおかしいのです。放っておけば、このままの状態が続いていくでしょう。中小企業もいらないと言い始めているくらいです。我々としては、国民を豊かにする当たり前の経済政策をしっかり訴えていきます。アベノミクスと我々の経済政策は何が違い、どこがいいのかを国民のみなさんに理解していただけるようお伝えしていきますので、ぜひ野党の経済政策にもご注目いただければと思います。よろしくお願いいたします。

浅田均「日本維新の会」政調会長に聞く

地方分権、小さな行政機構と大きな民間経済をつくり、真の資本主義国家に近づける！

浅田　均《あさだ　ひとし》

選挙区（大阪府）選出、参議院議員。日本維新の会

一九五〇年大阪府生まれ。京都大学文学部哲学科卒業。日本放送協会職員を経て、スタンフォード大学大学院修士課程修了。経済協力開発機構（OECD）日本政府代表部専門調査員として渡仏、科学技術工業局・情報、通信政策委員会等を担当。帰国後より大阪府議を五期務める◎二〇一〇年大阪都構想実現のため地域政党「大阪維新の会」を結党◎日本維新の会政調会長◎共著に『〈図解〉大阪維新――チーム橋下の戦略と作戦』がある。当選一回

――まず、「日本維新の会」が次の総選挙と来年の参議院選挙で訴える経済政策について、おうかがいできればと思います。

浅田：私たち「日本維新の会」は、統治機構改革を柱の一つに掲げ続けております。これは主に一、地方分権（道州制の導入）と、二、小さな行政機構と大きな民間経済をつくることです。

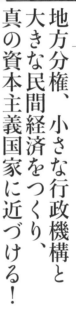

今の日本経済は国が関与するところが大きく、資本主義国家の一部からは、成功した社会主義国家であると揶揄されています。それを本当の資本主義国家に近づけていくというのが「維新の会」の設立理念の一つであり、そのためにも大きな民間経済をつくっていくことが必要だと考えています。

そのために必要なのが、民営化です。結党以来公約に掲げているように、UR（独立行政法人都市再生機構）やJT（日本たばこ産業株式会社）を民営化し、同時に規制緩和を進める。さらに経済全体を、DX（デジタルトランスフォーメーション）やデジタル経済に乗せていくことが、柱になると思います。

「小さな政府」には福祉切り捨てのような、新自由主義的な響きがあるので、敢えて「小さな行政機構」と表現しています。民間がやるべきことを、政府が敢えてやる必要はありません。統治機構全体を小さくし、政府が取り込んでしまっている活動を民間に開放し、大きな民間経済をつくっていきましょうというものです。日本の経済成長を考えれば、これは必要なことだと確信しています。この経済政策の基本を支持してくださる方はかなりおられると思いますし、アメリカの共和党のようにメインの政策として選挙に挑む政党はもはや少なく、「日本維新の会」くらいですから、支持を広げたいと思っています。

これはアベノミクスの評価にもかかわってきますが、現在、規制緩和はほとんどなされていない状況です。「モリカケ」で問題になった加計学園は獣医学部の新設に五〇年もかかっています。医学や薬学と獣医学の接点には新しいビジネスチャンスも、経済成長の種もかなりあると思うのですが、そういう部分に手がつけられていないのです。今ある体制を維持したまま経済成長をしようと思っても、そこには限界があります。限界を打ち破り、新しい成長を軌道に乗せていくためには、規制緩和が不可欠です。事前規制をなくすアベノミクスの三本の矢では、岩盤規制にドリルで穴を開けるとかおっしゃっていましたが、結局できなかった。獣医学部一つつくるのに五〇年もかかったわけですから。そうした既得権益と戦う成長戦略が必要だと考えています。

デジタル化については、「日本維新の会」が掲げる統治機構改革は、大阪都構想にとどまらず、企業のCX（コーポレートトランスフォーメーション）にもつながってきます。その前提として必要なDXが日本ではまだ二周遅れの段階ですから、中小企業にまでデジタル化を進め、生産性を高めていくことが必要です。

「維新」の設立当時、政府は財金一体の経済政策として、物価上昇二パーセント、実質経済成長一パーセントで全体として三パーセント程度の成長が望ましいと主張していました。その目標は私たちも共有していたと思います。経済を縮小させることなく、成長軌道を拡大していくための第一歩は、デフレからの脱却であり、そのためには財金一体の経済政策をとるべきだという点では、当時の安倍晋三首相の路線と、さほど大きくは違っていなかった。ただ、その成長戦略の発想が既存の枠を出ていなかったところが、私たちとはまったく違っていました。

――民営化あるいは岩盤規制の具体例を知りたいのですが、たとえば農業についてはいかがでしょうか。また、アメリカ共和党の立場に近いとおっしゃいましたが、トランプ政権の経済政策で参考にしている点があるか、またその評価をおうかがいできますか。

浅田：農業については、株式会社が農地を所有し、農業に進出することは進めるべきだと考えています。特区に認められた自治体での実践がうまくいけば、全国展開するというのが国家戦略特区の仕組みですから。しかし、特区指定された兵庫県養父市では、うまくいったのに全国展開をさせず、留め置いてしまっている。これは農業従事者や農協を支持基盤に置く自民党の限界ではないかと思います。農業だって十分に成長産業化ができるのに、既存の農協の独占体制がそれを妨げている。例えば土地を担保に農機具を揃えても、返せなくなると担保にした土地が取り上げられる。その結果、耕作放棄地が増えてしまい、耕作可能地域の減少と、国土の荒廃の原因となっているのです。農協の金融部分を競争に晒す、第二農協、第三農協をつくるなどして、切磋琢磨を促すくらいの構造改革が必要だと思います。

――トランプ政権の経済政策についてはいかがでしょうか。

浅田：経済政策については、私はどちらかというと、低所得者層に手厚くするジョー・バイデン大統領のほうに同調しているので、トランプ前大統領が、格差を広げる流れをつくってしまったことについてはいかがなものかと。ただ、政治経験のないプロの企業家が大統領になるというアメリカのダイナミズムには刺激を受けました。既存の体制に異議を唱え、アメリカに企業を呼び戻そうという考えを強固に進めることによって、それまでのアメリカではできなかったような形で経済成長が進んだ。不法移民を止めるためにコンクリートの壁を建設するとか、北朝鮮にいきなり行って話をするとか、外交においても内政においても突飛な発想で取り組まれたトランプ政権には、新しい政策展開の可能性があった。その意味では、アメリカの多様性というか、国としての懐の深さが表れていたと思いますし、主張は非常に極端ですが、一方でラストベルトの失業者を救うとか、アメリカに企業を呼び戻すという、曖昧さのない明確な政策目標を掲げた点は、評価できると思います。対中制裁においても、法の支配という点で特異な国である中国と、同じ土俵、公平な法の支配の下の貿易を展開されたことについては、評価できると思います。

地方創生は国ではなく、地方主導に

――「日本維新の会」の地方自治へのスタンスをおうかがいできますか。

浅田：私たちは統治機構改革を目標に掲げて立ち上がった政党だと申し上げました。将来的には、消費税を自主財源とした「道州制」が望ましいと思っていますので、消費税をゼロにするとか廃止することには反対します。ただ、今回はコロナ禍で一部の産業で需要が完全に飛んでしまいました。そこへの支援として協力金や給付金が出されていますが、十分ではありません。飛んでしまった部分を取り戻すため、景気がある程度回復するまでは、二段階遡り、消費税を五パーセントに下げるべきであると公約に掲げています。

――アメリカはコロナ不況からV字回復しました。ヨーロッパは、ばらつきこそあれ回復している国が多い。なぜ日本経済はコロナ不況から脱出できないとお考えですか。

浅田：OECDの経済成長予測では、日本は二〇二一年が二・六パーセントで来年が二パーセント。アメリカは二〇二一年が六・九パーセントで来年が三・六パーセント。で、中国は二〇二一年が八・五パーセントで来年が五・八パーセント。ユーロ圏は二〇二一年が四・三パーセント、来年が四・四パーセントですよね。

アメリカ、中国はまさしくV字回復という言葉が当てはまるかと思いますが、ヨーロッパはまだV字というほどには回復していない。日本はそれよりも成長率が小さく、ヨーロッパよりまだ遅れている。やはりワクチンの影響が大きいのだと思います。コロナというのは、感染拡大のメカニズムがはっきりしておらず、結果から原因を推計するほかないのが、現状です。ベイズ統計等が使われているといっても、あくまで経験則に基づいたものでしかない。しかしワクチンは違います。接種すれば重症化しないことがわかっている。感染しない、させないとなれば、行動制約を取っ払う条件がワクチン接種によってできあがることになります。抗体がどの程度持続するのかはまだわかっていませんが、少なくとも一年は持続するといわれている。基本再生産数が二・五だとすると、六割の方が接種すれば集団免疫を獲得することになります。中国やアメリカではすばやく、また広範囲にワクチン接種が進んだ。それが経済のV字回復につながっているのだと思います。

――先ほど導入するとおっしゃった道州制のメリットと制度設計をうかがえますか。

浅田：いずれも「統治機構改革」という言葉でくれると思いますが、憲法改正について三つの提案をさせていただいています。教育の無償化と憲法裁判所の設置、そして地方分権、道州制の導入です。今、わが国が抱えている最大の問題は、国がなんでもかんでもかかわりすぎていることです。待機児童解消という極めてローカルな問題と、北朝鮮のミサイル問題や中国の海警局の船が日本の領海内に入り込んで出て行かないといった国防にかかわる問題を、一緒くたにして国会で議論している状況ですから。私たちはこれを改めて、内政にかかわる問題については、財源も権限もすべて地方政府に委譲しようと主張しています。そうすることで、国の役割が絞り込まれます。外交や貿易、マクロ経済政策、義務教育といった、全国で一律になされるべきことにのみ国がかかわり、産業や福祉に関しては、もう地方に委ねるべきです。そうすることできめ細やかな政策展開ができるし、国の役割も強化できます。

それが道州制ということです。将来的には、現在の中央集権国家を脱して、内政にかかわることは道に委譲するべきだと思うのです。今言っている「地方創生」は、あくまで国主導です。地方主体の地方創生にしたほうが、この国の将来はもっと明るいものになる。憲法の第八章、地方自治の章を変えましょうとお示ししているのは、そういうわけなのです。

キャピタルゲインは、分離課税から総合課税に

――「維新」の身を切る改革は、緊縮路線じゃないかという誤解があります。どう反論されますか。

浅田：「身を切る改革」とは、あくまで小さな行政機構をつくるということです。これは緊縮路線ではなく減税路線です。マクロ経済の財政政策とは次元の違う話だと思います。「身を切る」というのは、行政改革を進めましょうというだけの話です。減税路線ですから、緊縮には結びつかないと思っています。

――「日本大改革プラン」にはベーシックインカムの導入が掲げられていましたが、詳細をおうかがいできますか。

浅田：安倍前総理は、税と社会保障の一体改革を提唱されましたが、私たちは税と社会保障と働き方の一体改革が必要だと思っています。今の日本は、潜在成長率も実際の成長率も低い。それはやはり、停滞産業から成長産業への人の移動が非常に難しいからです。その移動がスムーズに行くよう、セーフティネットとしての最低所得保障制度が必要です。裁判になっても、その間最低所得が補償されれば、労働市場の流動化がもっとスムーズに進むのではないかと思っています。年金にしても、賦課制度ですから今年若い人が払った年金は、どこかにプールされるわけではなく、直ちに使われてしまいます。年金の持続可能性を考えれば、マクロ経済スライドも発動されるべきですし、定年を七〇歳まで延長し、長く働いてもらって年金支給開始を遅らせる。マクロ経済スライドを発動すると、老齢基礎年金しかもらっていない人は、所得が減ってしまいますから、そういう方たちの所得を確保するために最低所得保障を導入するのです。ミルトン・フリードマンが「負の所得税」として提唱したように、減税の恩恵は、納税者にしかありません。だから税金を払っていない人にはマイナスの所得税、すなわち給付をする。そうして最低所得を保障しておけば、安心して職を変えることができる。金銭解雇規制法ができて自由に動けるのならいいのですが、なかなかそうもいかないので、労働市場の流動化を促して成長産業に人が移れるようにする。それがまず、最低所得保障制度の目的のひとつです。

将来的に、AIやロボットに職を奪われる人が増える可能性もあります。まずはそうした所得が急激に下がった人への最低所得保障制度、これは給付付き税額控除になると思います。

給付付き税額控除の支給対象を広げたものを、ベーシックインカムと考えています。

――この三〇年で広がった格差を是正する提言や政策は、何かありますでしょうか。

浅田：格差が広がったのは確かです。企業が自らの活動を維持するために、正社員に替えて非正規の人を増やしたからです。非正規の方たちは、企業の延命のために使われてしまった。正規と非正規の間の広がりつつある格差は、是正する必要があると思います。今回、大阪でも最低賃金がほぼ一〇〇〇円になりました。次に必要なのは、賃金格差だけでなく、社会保障の部分でも平等にすることです。

トマ・ピケティの『21世紀の資本』（みすず書房）によると、R（資本収益率＝利子率）は常にG（経済成長率）より大きいはずです。Rが五パーセントでGが三パーセントとか。ところが今はこれが逆転しています。ピケティの言うとおりなら、RとGが逆転しているのなら格差は広がらないはずなのに、まだ広がり続けている。長期金利が成長率よりはるかに低い今、格差は縮小されているべきだと思います。

非正規の方たちは若い世代です。このままだと結婚もできず、子どもも持てないという悪循環が続き、人口減少、労働人口の減少につながっていく。日本の将来にマイナス影響しかありません。格差を固定させないために教育を無償化するとか所得の低い若い世代をできるだけ減らしていくような政策展開が必要です。

――税制について二点うかがいたい。まずは所得税ですが、収入が一億円までは税率が上がり続けるのに、一億円を超えると下がっていきます。税率の低い株取引の割合が増えるからですが、これは是正すべきでしょうか、またどう是正できるでしょうか。

浅田：公約にも明記しているように、キャピタルゲインについては総合課税にすべきです。しかし、総合課税で一億円以上の収入がある人の税率が、下がるわけではありません。リスクマネー（株式投資）は、産業構造が新陳代謝するためには、不可欠なものだと考えています。

――法人税も、所得が一〇〇兆円を超えると、一〇〇〇万円以下の企業よりも税額が下回ってしまいますが、それについてはどうお考えですか。

浅田：この問題についても、中堅企業の方からよくお話をうかがいます、営業利益、経常利益が自分の会社よりはるかに多い会社の納税額が少ないのだ、と。大企業は公認会計士や税理士を大勢雇うことができ、徹底的な節税対策をとることができる。だから、そうした税の専門家を多く雇う余裕のある会社は納税額を低く抑えられるのだ、とみなさんおっしゃるのです。その原因はやはり租税特別措置法（租特法）にあるのだと思います。私たちは租特法廃止を主張しています。

努力すればするほど報われる社会に

――かつて日本は一億総中流社会と言われ、中間層が分厚かったわけですが、これを取り戻すべきだとお考えですか。

浅田：中間層を取り戻すことにもつながるのかもしれませんが、私たちが実現しようとしているのは、努力すればするほど報われる社会です。つまり、努力する人としていない人の間に多少の差ができるのは、当然のことだと思います。そうでなければ働くインセンティブが生まれません。ある程度の格差は、社会主義社会でない以上、当然ついてくるものだと思っています。

必要なのは、底上げです。パイを拡大して所得のベースを上げる。最低所得保障制度は、この考え方をもっとも的確に表した制度だと思います。とにかく全体の底を上げることを目指していますので。

――骨太の方針に二〇二五年度のプライマリーバランス黒字化が明記されましたが、それについてはどうお考えでしょうか。

浅田：プライマリーバランスの黒字化目標の設定に関しては、党内でもいろいろ議論していますます。現実に政府の予算制約式があるので財政規律をまったくなしにするわけにはいきません。プライマリーバランスの黒字化設定も必要だろうと思います。ただ、対象経費を考えたとき、どこまで増やしていいものかには議論があって然るべきです。国が言うプライマリーバランスの黒字化というのは、ドーマーの法則で、政府債務残高のGDP比率が発散しないことを目標にする、ということです。債務残高という分子をGDPで割るわけですから、GDPを大きくすれば、当然債務残高比率は小さくなる。分子を小さくするか、分母を大きくすれば発散しないことになる。こういう目標設定は必要だと思います。

――冒頭でも若干お話しいただきましたが、アベノミクスの八年の評価総括をお願いします。

浅田：当初の財金一体の経済政策で二パーセントの物価上昇、一パーセントの経済成長によってデフレ経済から成長経済に転換するということについては、私たちもまったく同じ考えでスタートしましたし、確かに株価も上がって税収も増え、よいことが多かったと思うのですが、三番目の矢である規制緩和がまったく進まなかった。これは問題ですよね。そして、金利ゼロで異次元の量的緩和を始め、日本銀行のバランスシートが五〇〇兆円を超えるほどの拡大政策を続けるというのは、先日の黒田東彦総裁の発言にもありましたが、今後も可能なのか。アメリカのジェローム・パウエルFRB（連邦準備制度理事会）議長は量的緩和を縮小していくと、金利が上昇すると言っています。金利が上がったとき、ピケティの言うR＞Gに戻ったときに、日本銀行が果たしてどうなるのか。非常に問題があると思います。

――二〇一九年、MMT（現代貨幣理論）の提唱者であるニューヨーク州立大学のステファニー・ケルトン教授が来日講演をして結構ブームになりました。大きな書店の経済学コーナーにはいまだにMMT関連本がたくさん並んでいます。MMTについてどうお考えか、参考にした点があれば教えてください。

浅田：参考になるのは、ローレンス・サマーズ元財務長官の考え方です。要するに、ピケティによればR（資本収益率＝利子率）は常にG（経済成長率）を上回るわけです。今はR＜G、金利がゼロで、それが逆転している時代です。このままずっと行くとも思えませんし、これが果たして正常な状況なのかもわかりません。もちろんピケティの論が間違っていたということもあるかもしれませんが。いずれにしても、将来的にはまた資本収益率が経済成長率を上回る時代が来るだろうと思います。その大前提に立てば、経済成長率が資本収益率の一〇倍、二〇倍という今の状況は例外的で異様なものだということになります。

MMTというのは、その状況下で初めて成り立つ理屈であって、もしこのまま円建て国債を発行し続けることができるというのなら、もはや打出の小槌を得たようなものですよね。昔で言うヘリコプターマネーをいくら撒いても経済は破綻しない、インフレは起きないというおいしい話になる。しかしこれが歴史的な検証に耐えうるかというと、そうではないというのが、サマーズさんの見解です。彼は「動学的に効率的な経済ではポンジ・ゲーム（ねずみ講）は非現実的」と指摘していますが、私もそう思っています。

――サマーズ元財務長官がそういうご意見なのですか。

浅田：経済学者のオリヴィエ・ブランシャールも同じ意見ですよね。

――そうですか。先ほどトランプ元大統領についてはうかがいましたが、バイデン政権の経済政策で参考にしている点があれば教えてください。

浅田：バイデン大統領は、分配政策を重視し、低・中所得者への生活支援を厚くしようとしていますね。これは今私たちが考えている最低所得補償制度とよく似たものですので、この点では同じ方向を向いていると感じます。キャピタルゲインに対する税収、税率を上げるとも主張されています。これは、先ほど言いました分離課税をやめて総合課税にするということですから、この点も似ているのかなと思います。

――次に、小泉政権で注目されたサプライサイドエコノミーについてです。経済学者の小野善康先生によると、安倍政権、菅政権の人づくり革命、生産性革命は、小泉政権の延長線上にあるとのこと。小野先生は総需要不足の解消が必要だとおっしゃっていますが、これについてどうお考えですか。見解が同じであれば、総需要不足の解消には何が必要だと思いますか。

浅田：現在の潜在成長率は一・九パーセントぐらいと言われてはいますが、はたして総需要不足が起きているのかというと、そこに同意はできないというのが、私たちの立場です。私たちはどちらかというと、先ほど申し上げたように、安倍さんと同様、財金一体の経済政策でデフレから脱却するという立場です。物価上昇率二パーセント、経済成長としては一パーセント、計三パーセントぐらいの成長を続けることによってデフレ経済から脱却し、実質成長軌道に乗ると考えている。小野先生がおっしゃる総需要不足の解消という需要面からのアプローチではなく、供給面からのアプローチだから分配率、資本分配率、それから分配の成長率から見ていますから、小野先生のご見解とはかなり違うと思います。需要は成長経済から取り込めますし。

――菅政権のブレーンになったデービッド・アトキンソンさんの持論と言えば中小企業淘

汰論ですが、これについてはどうお考えですか。

浅田：停滞産業から成長産業へ移行すべきであって、停滞産業は淘汰されるべきであるという考えならば、賛同します。しかし日本の企業の九九・七パーセント、三八〇万社は中小企業であって、大企業と呼ばれるのはわずか〇・三パーセントです。労働者の七〇パーセントは中小企業で働いているのです。そういうところを「淘汰する」というのは、どういうお考えに基づいて発言されているのか、直接おうかがいしたいです。

東京の大田区にしても大阪の東大阪にしても、世界にここしかないという技術を持った中小企業がたくさんある。それが経済活性化の源にもなっているわけです。マッチングがうまくいっていないという問題はあると思いますが、技術の宝庫のような企業がたくさんある中小企業が淘汰されるべきだという考え方には、とても賛同できません。

「自民党」に代われるのは「維新」だけ

――最後に、総選挙、参院選挙に向けて、有権者へのメッセージをお願いいたします。

浅田：「日本維新の会」は、今ある政党の中ではもっとも新しい政党です。「立憲民主党」や「国民民主党」は、結党は私たちより後ですが、「民主党」から分かれた分派と考えれば、「日本維新の会」が一番新しい。私たちが国政進出を目指したのは、この国の形を根本的に変えないことには将来はないとの想いからです。道州制にせよ、教育の無償化にせよ、憲法裁判所の設置にせよ、憲法の改正を主張していますが、新しい国を作ることと新しい憲法をつくることはセットなのです。

国民のみなさんには、今のままで日本の将来はあるのか、みなさんのお子さん、お孫さんの時代に日本という国がどうなっているか想像できますかと、問いたい。今問題なのは、政治への信頼が薄らいでいることです。菅内閣の支持率は非常に下がってきていますが、「自民党」の支持率はあまり下がっていません。それはつまり、仮に菅内閣が倒れたとしても、野党には期待されていないということです。これは真摯に受け止めなければなりませんが、私たちは「自民党」にとってかわることのできる唯一の政党だと思っています。そのためにも国民から信頼され、既得権にとらわれない公正な政治を実現する党でありたいし、若い方たちがこの国のために何ができるのかを考えてもらえるような、新しい国家をつくっていきたい。みなさんには「維新」という選択肢があります。大きな民間経済や教育無償化等の具体的な政策体系をもって、これからこの日本をどのように運営していくかまで踏み込んだ提案ができるのは、私たち以外にはありません。

まだ政権を担えるほどの勢力にはなっていませんから、まずは野党第一党になり、「自民党」と交渉ができるところまで大きくしていただきたい。「維新」を大きくしていただくことで、この国は確実に変わります。第二の「自民党」だ、与党の補完勢力だと言われながらも、国会における日程闘争とか法案の成立を阻止するとかではなく、どこが問題でどう修正すべきか対案を出すなど、従来の野党にはなかったスタンスでやってきたのは、「自民党」に代わる選択肢として私たちがあることをアピールしたかったからです。補完勢力であると言われ、純粋な野党ではないと評価されることは、非常に損なスタンスです。でも、「自民党」と対等に話し合い、この国をよりよいものに導いていくための手段として必要であったことをご理解いただき、「自民党」が信頼できない方は、どうか「維新」に投票していただきたい。そうアピールしていきたいと思っています。

政界を引退した亀井静香、元金融相に聞く（二〇一九年のインタビューより）

納税者はもっと怒りなさい。消費税一〇パーセントは庶民への重税だ

亀井静香｜かめい・しずか

ジェイ・エス・エス代表取締役会長、元衆議院議員（広島六区）一九三六年生まれ。東京大学経済学部卒業。警察庁退官後、一九七九年衆議院議員として初当選。以来一三回の当選を果たしている。二〇〇五年には自民党を離党して、国民新党結成。二〇一二年消費税増税法案に反対するため、国民新党を離党。その後は超党派の国会議員の顔として活躍。村山内閣で運輸大臣、橋本内閣で建設大臣を務める

消費税は大衆課税

――安倍首相は二〇二〇年一〇月から消費税を上げようとしていますが、どうお考えですか？

亀井：そもそも税というのは富める者から取って、貧しい人たちに配るというのが原則だ。それを、取るべきところから取らないでさ、貧しい人たちから金を取る。つまり、消費税というのは大衆課税だよ。さらにあげるなんて、正気の沙汰じゃないね。世界が消費税（付加価値税）が高いからといって、日本もそれにならって、あげろなんていうのは愚かなことだよ。我々には日本のやり方があるんだ。だいたい、消費増税は経団連の要求だろう。財界が自分たちの法人税を下げる代わりに、庶民・大衆に課税して、埋め合わせしようとしているわけだ。

――たしかに、二〇一二年五月に経団連が出した提言では、消費税を二〇二五年に一九パーセントまで引き上げる一方、社会保障給付の自然増を毎年二〇〇〇億円抑制すること、法人実効税率を二〇二一年の三八・〇一パーセントを二〇二五年には二五パーセントまで引き下げることを求めています。

亀井：安倍総理は地方軽視、貧困層軽視の傾向があるね。消費税で問題となるのは低所得者だ。消費税は、標準税率を一律にすれば逆進性が生じるからだ。つまり、金をたくさん稼ぐ層ほど可処分所得のうち消費に振り向けられる割合が小さくなり、金をあまり稼げない低所得者ほど消費に使う割合が大きくなる。

――亀井さんだったらどのようになさいますか？

亀井：今はね、ご承知のように取るべき財源がある。だって大企業は、約五〇〇兆円の含み資産を持っているとも言われているでしょ。それをほったらかす手はないね。

そういう含み資産を放っておくというのはバカげた話で、そこから税金を取る方法を考えた方がいい。もともと、ある所から取って、ない所あるいは全体に使うというのが税のあるべき姿なんだ。大衆課税になるような消費増税をやる必要はない。やってはいかんですね。

低所得者層ほど重くのしかかる消費増税

——富裕層は消費税の負担率が低く、累進課税とは逆の「逆進性」に戻りますと、日本経済新聞電子版の記事によれば、消費税率が五パーセントに上がった一九九七年の負担率は低所得者層が五・五〇パーセント、高年収層が一・一〇パーセント。八パーセントに上げたときの消費税負担率は低所得者層が七・二〇パーセント、高年収層が一・六〇パーセント。一〇パーセントに上がったときの消費税負担率は低所得者層が八・九〇パーセント、高年収層が二・〇〇パーセントです。

亀井：そんなになるか。俺は東京大学で経済学を学んだからね。自民党で政調会長も務めたし、金融大臣もやった。消費増税が低所得者層に重くのしかかるってのは、わかりきったことだよ。でも、財務省に洗脳された連中が「消費増税、この道しかない」って前のめりになっているわね。与党にも野党にもいるんだ、そういうのが。

納税者はもっと怒っていい

――山本太郎事務所が総務省の統計をもとに、消費増税が各家庭にどれだけのしかかるか、試算したものを紹介します。一つ目のケースが月二〇万円、年間二四〇万円消費する単身世帯。二つ目のケースが月三〇万円、年間三六〇万円消費する二人世帯。三つ目のケースが月四〇万円、年間四八〇万円消費する四人世帯。消費税一〇パーセント時は軽減税率で食料費は八パーセントで、各家庭、食料費に二五パーセントあてるという想定で試算しています。そうすると単身世帯は消費税五パーセントで年一二万円、八パーセントで一九・二万円、一〇パーセントで二二・八万円の負担になります。二人世帯は五パーセントで年一八万円、八パーセントで二八・八万円、一〇パーセントで三四・二万円の負担。四人世帯の場合、五パーセントで年二四・〇万円、八パーセントで三八・四万円、一〇パーセントで四五・六万円の負担となります。

亀井：もはや、一〇パーセントになれば庶民を痛めつける重税だな。月に四〇万円消費する四人世帯だと年に四五・六万円も負担することになるのか。こりゃ、納税者はもっと怒っていいんじゃないか。それにしても、こんな細かい試算、よくやったもんだね。麻生太郎ちゃんじゃなくて、山本太郎がやったのか。

忘れられた「直間比率」

――国会には太郎にも大金持ちの太郎と貧困支援の太郎という対照的な二人がいるんじゃないですかね。それはさておき、消費税導入をしたときの八九年のことを思い出してほしいんです。所得税などの直接税と消費税などの間接税の比率を、諸外国並みにすべきだという「直間比率」の問題が論じられました。今では誰も言いませんね。

亀井：直間比率とか、そんな難しい言葉をつかうんじゃなくて、薄く広く税をとりましょう、ということで消費税は導入されたんだよ。

――なんで薄く広くとろうなんていうことが言われたのですか。

亀井：そりゃ、あなたもさっき経団連の提言の話をしていたけど、大企業擁護っていうのかね、大企業に気をつかって、「法人税よりは大衆課税にしたほうがいい」ってなったんだ。「ヨーロッパはそうなっていて、高福祉社会が実現できている」なんて、言われていたね。

みんな、海外に続け、となったんだ。

――直間比率が忘れ去られて、どうなったか。逆進性のある消費課税による税収の比率が二〇一五年には、全体の三四・六パーセントにも達しているのです。ちなみに付加価値税（消費税）の標準税率が二五パーセントのスウェーデンの税収比率は三六・七パーセント、税率二〇パーセントのフランスの税収比率は三九パーセントです。日本は税率八パーセントの段階で、すでにスウェーデンやフランスに匹敵しています。

亀井：そりゃ、大問題だよ。消費税ってのは貧富の格差を拡大させる税制だから、その税収が三分の一に達しているなんて、一揆が起きても不思議じゃないね。

――ということは、亀井さんは富裕層や大企業へ課税すべきだとお考えですか。

亀井：富裕層や大企業に資産が溜まっている場合はそこから取ればいい。アップアップしている時に取るんだったら、そこから取るのは無茶だけれども。さっきも言ったけど、大企業が五〇〇兆円以上の内部留保をしている状況ということは、懐が豊かだということ。それならそこから取ればいい。

いま働く人の給料を上げるのが必要

――所得税についてはいかがでしょうか。日本で最高税率を課せられているのは年間一億円を稼ぐ人で、それ以上稼ぐ人は、逆に税金がどんどん減ってきてしまうんですね。このような税制についてどう思われますか。

亀井：「こんなに収入があっても半分以上持っていかれる」と言って腹を立てる人がいるけれども、多くの税金を払えるというのはうれしいと思わねばいかん。国家にそれだけ貢献しているということなんだから。

――小泉政権時代に所得税の最高税率が六〇パーセントから四五パーセントに下がりましたが、それを再び上げるべきだとお考えでしょうか。

亀井：何パーセントがいいかは別として、富裕層が自分の手元にたくさん残したってしょうがないわね。意味がない。個人でどこか財団とか福祉関係に寄付するとかそういう方法もあるけれども、税金で国全体として使ってもらうというのが、いちばんよい方法でしょう。

――「貧富の差が拡大している」と言われていますが、これはどのようにして解消すべきとお考えでしょうか。

亀井：簡単に言えば、今一生懸命働いている人たちの給料を上げることが重要だ。儲かっている企業から税金をとって全体に回すのも一つの手だけれども、企業が働いている人たちにもっと多くの給料を出せばいい。人件費などのコストを上げると競争力という問題が出てくるけれども、それはね、そういうものが商品にどれくらい転嫁されていくかというところが、経営者の腕の見せ所ですよ。

「財務省の言われるままに増税するな」

――内閣のGDP統計に依れば、日本の家計の推移を見ると、リーマンショックのあった二〇〇八年度は家計消費が六・四兆円下落した。消費税を八パーセントにあげた二〇一四年度は七・七兆円も家計消費が下落した。だから、安倍首相は軽減税率だ、ポイント還元だと、次々と対策を打ち出していっている。ならば、上げないという選択肢もあると思うのですが……。

亀井：消費増税ってのは、景気を冷え込ませ、逆に税収が減る場合があるんだからね。安倍総理もそりゃ分かっているよ。俺は晋三総理に、「財務省の言われるままに、このまま消費増税するな」って言っているんだ。

――亀井静香先生が総理大臣ならば、どんな経済政策をとりますか？

亀井：そりゃ、赤字国債をじゃんじゃん刷って内需拡大だ。しかも、東京の一人勝ちにならないように、地方に金をばらまくんだ。地方あっての日本だ。東京だけが日本じゃないんだ。

――安倍政権になって「経済が好転する」とここ何年か言われています。亀井さんは特に地方をいろいろと回っていますが、何か感じるところはありますが。

亀井：経済というのは本来、国民全体が豊かになっていく経済でなければいかんですね。そういう面で言うと、残念ながら「アベノミクス」と称するものは大企業にとっては非常によい状況になっているけども、中小零細企業、特に地方にとっては恩恵が少ない。

経済政策としてはもっと考えねばいかん。私はよく晋三総理と会っている。最近会ったときに「思い切って地方にカネを出さないとダメだ」と言ったんだ。今は財政事情がいいんだから、日銀が国債を買い取っているような状況であれば、思い切って国債をどんどん出せばいいんだと。これには晋三総理も私に同意していましたよ。

「今の交付金は各省庁のヒモつきになっているけれど、ヒモつきなしに自由に使えるカネを思い切って地方に出せ。そうすれば地方は豊かになっていく。今のような状況だったら、大企業・東京だけに光が当たる。政策としてはダメだ」と私は言ったんです。市町村が自主的に使えるよう、税金を細かく配分する必要がある。

——地方にお金を出して、地方はどのように使っていくべきとお考えでしょうか。

亀井：地方では上下水道など、まだまだ生活環境を整備する点がたくさん残っています。あと北海道から沖縄まで、地域によって全部作物は違うから。地消地産、その地域が作ったものを地域で消費していくという基本的な形が大事。

でもそれだけじゃなくてね、その地域の名産品を全国に売り出していくためには、補助金を思い切って出していくことが大事だと思うね。

——東京はいいといっても、地方に元気がないと。

亀井：今って何でも東京中心だわね。人も東京に集まってくるから。地方は地方で、県庁所在地に集まりよる。〝ストロー現象〟といってね、県庁所在地は栄えるけれどその周りは冷えるという状況が起きている。そこらを解消するには、市町村が自主的にカネを使ってその地域を豊かにする、そういうことができるように細かく配分する必要があるね。

——安倍首相の反応はどうでしたか？

亀井：「その通りですね」と同意していましたよ。

——亀井さんはこの事務所にもチェ・ゲバラの肖像を飾っているほどの、熱烈なゲバラ・ファンですね。それはなぜなのでしょうか？

亀井：俺はとにかくゲバラを尊敬しているんだ。爪の垢を煎じて飲みたいよ（笑）。この写真はキューバに行ったヤツがお土産で買ってきてくれたんだ。ゲバラはキューバ革命が成功した後、国立銀行総裁や工業相などを歴任するのだが、人間の意識変革の必要性を、熱心に説いた。

社会全体に奉仕する自発的で見識的な「新しい人間」の形成が、何よりも必要だと主張した。そして自分の人生を、圧政と貧困の中で苦しんでいる人たちの救済に捧げた。自分の人生を全部捨てて、人の痛みを少しでも和らげようとしたんだ。

——中小零細企業や地方を元気にするための政策を掲げ、再び議員になるということは考えていらっしゃいますか？

亀井：俺が詠んだ短歌に、こういうのがある。

「何故に　心を魅かるる桜花　咲くを惜しまず　散るを惜しまず」

俺はもう議員としては散ったんだよ。でも惜しんでいない。ただね、これからも晋三総理には厳しくモノを申していくよ。

今や国是となった積極財政。次なる論点はその金額だ。

池戸万作（日本経済復活の会・幹事、経済政策アナリスト）

私は「日本経済復活の会」という団体の幹事として、かれこれ一〇年余り、会としては二〇年近く積極財政の実現を訴え、国会議員の方々に会の顧問になっていただいたり、会の講師として招いたり、財政に関する質問主意書を国会へ提出していただいたりと活動して来た。そうした活動を行って来た人間として、これほどまでに積極財政が国会議員の中で「国是」となり、盛り上がったことは、かつてなかったように思える。

これまでは、日本は世界一の借金大国で、いつ財政破綻してもおかしくないから、政府の財政支出は極力抑え、無駄は削減しなければならないといった論調や、社会保障の安定「財源」のためにも、消費税は増税（何故か所得税や法人税を増税という声はほとんど聞かれなかった）を行うべきだという考えが、広く国会議員の主流であった。

その最たる政治的出来事が、二〇一二年六月に民主党野田政権下で起きた、消費税一〇パーセント増税への民主党・自民党・公明党による「三党合意」であった。この三党合意に関しては、当時、私もひどく落胆した記憶がある。それから早いもので一〇年近くが経ち、三度の総選挙（この秋で四回目）を経て、野党の国会議員は世代交代もあり半数近くが入れ替わり、今や消費税は五パーセントへ減税するべきだという論が主流になって来たことを考えると、まさに隔世の感がある。当時の三党合意に賛成し、消費税一〇パーセントへの増税を主張していた国会議員からも、実際に消費税一〇パーセント増税が行われた今、国民の厳しい経済状況を鑑みて、消費税増税は失敗だったと反省の弁が聞かれるようになったことは大変好ましいことだと私は思う。政治には、そうした過去の政策の失敗を振り返り、方針転換して行くことが求められるであろう。

次に、こうした国会議員の緊縮財政から積極財政への転換の背景には、世代交代や現状への反省以外に、どういった点が挙げられるであろうか。私は大きな要因として、次の二点を挙げたい。一つは昨今のコロナによる世界的なパンデミックの状況にあり、もう一つはMMT（現代貨幣理論。〝MMT理論〟ではないので注意を）という、現実の貨幣制度に基づいた経済理論がある種のブームとなり、政治家や有権者にも周知されるようになったことにあると考える。

一点目のコロナ禍が積極財政を後押ししたことは、世界中の政府で見られた光景である。コロナにより諸経済活動が停止してしまった分を、〝通貨発行が出来る〟政府が補償することで、結果的に政府の積極財政の実現に繋がったと言えるであろう。政府が国民経済を守るという、ごくごく当たり前の役割を行った帰結として、世界中の国々が積極財政へと方針転換したのである。

こうした損失補償の利点は、詳しくは後述するが、積極財政の唯一の制約たるインフレ（物価上昇）を引き起こさない点にある。コロナ前に得られていた国民の所得を政府が補填するだけであれば、新たな所得の積み増しにはならないので、全体的なインフレリスクは伴わないのである。無論、コロナ前の所得以上に、国民に対して所得補償をすれば、インフレを引き起こす可能性は有り得る。現下で、〝異次元の財政出動〟を行っているアメリカのバイデン政権への批判材料として、今後、急激なインフレ率の上昇を持ち出されることが、日本における積極財政の実現にも、水を差しかねないことには予め懸念しておきたい。

二点目のＭＭＴに関しては、「ＭＭＴとは何か」についても様々な議論はあるが、一番の功績としては、現実の貨幣制度の仕組みを簿記や会計学に基づいて説明し、政府の財政赤字は供給能力（インフレ率）が許す限りにおいては、問題がないとした点にあると私は考える。

よく日本は国の借金が一二〇〇兆円もあって、債務対ＧＤＰ比率は二三〇パーセントを超えているので、日本の財政は危機的状況にあり、財政破綻は間違いないと言われている。しかし、いわゆる国の借金と呼ばれている日本国債は、一〇〇パーセント自国通貨である円建ての国債であり、政府日銀が新たに円を発行すれば、確実に国債は返済され、債務不履行（デフォルト）は意図的でない限りは起き得ないのである。また、国の借金額で言えば、実はアメリカの国の借金は、日本円にして約二五〇〇兆円と日本の倍以上もあり、他の国は日本以上の増加率で国の借金額を急激に増やし続けている。日本の債務対ＧＤＰ比率が世界で最も高いのも、分子の債務金額が大きいからではなく、分母の名目ＧＤＰがデフレによって、この二五年間でほとんど増えていないことに起因するものであり、日本は財政危機国ではなく、

GDPが増えない経済危機国なのだ。

　加えて、元経理マンの私としては、MMTは簿記の概念を用いて、誰かの赤字は誰かの黒字、誰かの負債は誰かの資産であることを強調した点も大きいと考える。経済学の世界には様々な学説があり、日々議論が繰り広げられているが、この簿記の概念だけは誰も論破しようがない、歴とした事実である。この事実に即して言えば、政府が財政赤字を出すということは、その反対側で国民（民間企業も含む）の黒字が増えるということになる。逆に、財政健全化が必要だと言って、政府が黒字化しようとすれば、国民サイドが赤字を抱えることになってしまうのだ。つまり、国民は借金生活を余儀なくされるのである。これが端的に出ている例としては、昨今の若者の奨学金問題が挙げられる。政府が財政黒字化を目指して、大学の学費を値上げし続けてしまった結果、若者が奨学金という赤字（借金）を抱えるような社会構造になってしまったのである。こうした問題は政府が年間五兆円程度、財政赤字を拡大して、大学の学費を無料ないし大幅に値下げするだけで解決する問題なのである。

　こうした経済政策から、MMTは〝無限に〟財政赤字を拡大しても問題ないと言っているとよく誤解されているが、唯一の制約は実物資源の供給能力にある。より具体的な指標としてはインフレ率（物価上昇率）が挙げられると私は考える（MMT派の中にはこの指標を好まない人間も多いようだが、この論稿では便宜的にインフレ率を用いて論述する）。

　では、一体どの程度の金額までであれば、許容されるインフレ率に収まるのであろうか。こうした内容こそが、積極財政が国是となった今、今後最も国会議員が議論すべき論点だと私は考える。

この点に関しては、参議院の調査情報担当室という部署に計量シミュレーションモデルがあるので、それを用いて財政支出の金額に一定程度の目途を付けることが国会議員には出来る。ある国会議員がこのシミュレーションを用いた結果、全国民に毎月一〇万円給付、年間一五〇兆円もの規模で財政出動を行っても、日本銀行が目標としているインフレ率二パーセントにも届かないといった衝撃の計量結果が出ている。

インフレとは、人々がお金を使って物やサービスを購入しようとした際に、物やサービスの提供が追い付かなくて徐々に上がっていくものだと考えられる。なので、もし国民が毎月一〇万円の給付金を使わず、貯蓄として貯め込んだままであれば、インフレ率は上昇し得ない。もちろん、毎月一〇万円もの給付金が配られれば、幾分かは消費に回るので、その分はインフレ率の上昇には繋がるが、この金額でもインフレ率二パーセント目標が達成できないと試算されるぐらい、膨大な財政赤字の余剰を日本国は持っているのである。

また、よく財政出動によって円が暴落するという為替レートへの懸念を示す声も多いが、為替レートに関しても一～二円程度しか円安にならないレベルとなっている。今後は、こうした国会議員であれば誰でも使用できる計量シミュレーションを用いた、〝金額ベース〟での財政出動の議論を国会では期待したい。

最後に、かつての財源論として、民主党政権交代時には、「コンクリートから人へ」というキャッチコピーが話題となった。実際のところは、民主党政権交代前の小泉自民党政権の頃から、公共事業の予算は大いに削られ、最盛期には年間で五〇兆円近くあった公的固定資本形成の金額は、約半分の二五兆円程度まで既に削られていたのだが、これからは公共事業ではなく、社会保障に予算を振り分ける経済政策を取るという民主党政権のスタンスを示した象徴的なフレーズであった。

しかし、これまで述べて来た通り、もはや財政赤字や財源論に囚われることなく、唯一の懸念材料であるインフレ率も、日本では相当上がりにくいことは示されている。ならば、これからの政治は「コンクリートも人も」であるべきだ。どこかに支出をするために、どこかを削って取って来るという発想ではなく、まず政府はお金を出す。こうした姿勢がこれからの政治には求められるであろう。

その点で言えば、今後の財政出動の対立軸は、ベーシックインカムか、ベーシックサービスかになるかもしれないが、この論争も私からすれば「ベーシックインカムもベーシックサービスも」である。ベーシックインカムによって、分け隔てなく全国民に一律給付した上で、それでも足りない人々に対して、充実した各種社会保障サービスを提供して行く。このようなある種の夢物語に聞こえるかもしれないことが、現在の日本においては、新たにお金を発行することで実現可能なのである。その上で、供給能力の向上を図るため、科学技術にも政府の投資を行い、ＡＩやロボット化を進めて行けば、より一層インフレになりにくい、膨大な政府支出が行える国家となる。こうした強靭な経済体制を築き上げて行くことこそが、真の意味で将来世代にツケを残さない、私たちの世代の役割だと考える。

各党が挙って無駄削減や財政健全化といった緊縮財政を争い、国民が赤字化、貧窮化していった平成の政治から、各党が積極財政を競い合い、再び国民の所得が倍増するような令和の政治になることを期待すると共に、私自身も経済学の知見を活かして、その実現に向けて寄与していきたい。

池戸万作｜いけど　まんさく
日本経済復活の会・幹事、経済政策アナリスト。一九八三年東京都生まれ。同志社大学法学部政治学科卒業、中央大学経済学研究科博士前期課程修了。社会人院生で「平成日本のマクロ経済動向」を研究。元々は、事務職や経理職。二〇一〇年より、日本経済復活の会に参加・現幹事。政治家に経済財政のレクチャーも行っている。消費税増税の「リスク」に関する有識者会議に出席。ウェブメディアWEZZYなどに寄稿ほか、ウェブテレビなどに出演。令和元年八月より、全国各地の企業・NPO・市民グループ・政治家の後援会などで、講演活動を行っている。

あとがき

解散総選挙が迫っている。

来年は参議院選挙である。

危機の時代は大転換の時代であるとするならば、コロナ感染拡大を止められなかった現政権、三〇年間、続いたデフレーションの責任者であり、その根本要因たる緊縮財政を踏襲する現政権をひっくり返して、新しい政治・新しい政府・新しい時代をつくらなければならない。今こそ、一人一人が目覚める覚醒の時だ。

与党を支持する理由として、野党がだらしない、野党には提案がない……という常套句がある。本書を最後まで読まれた読者なら分かるであろう。

野党には答えがある、と。

最後にインタビューを受けていただいた江田憲司さん、落合貴之さん、大塚耕平さん、大門実紀史さん、浜田聡さん、藤田文武さん、浅田均さん、大椿ゆう子さん、北村イタルさん、亀井静香さんには心からの謝意を捧げたい。この方々の協力がなければ、本書が日の目を見ることはなかった。

また、テープ起こしを手伝ってくれた二〇一六年の東京都知事選候補・高橋しょうごさん、IWJスタッフの富樫航さんにも感謝申し上げる。

解説を書いてくださった池戸万作さんには、日々、経済に関するご指導をいただいており、私が日本経済の病理を分析し、処方箋を書く際の〝ブレーン〟になっていただいている。頭脳明晰たる池戸さんが今後、日本の経済論壇を牽引していくことを断言しておく。

さらに、素晴らしい推薦の言葉をくださった社会学者の宮台真司さん、歌舞伎町にある焼き肉店「元気大将」のオーナーである長井秀和さんにも深謝したい。宮台さんとは私が高校一年生の時に知りあい、かれこれ、四半世紀の付き合いになる。長井さんのお店は上等の焼き肉を提供してくれるので、打ち合わせや懇談によく使わせていただいている。

本書を編集してくださった亜紀書房の足立恵美さんにも心からの感謝を申し上げたい。的確な編集、助言、サポートによって本書は生まれた。足立さんなしには本書が誕生することはなかった。

また、執筆している私を励まし、支えてくれた家族や、友人、とりわけ、ろう者にてトランスセクシャルのジャーナリスト武島芽衣子さん、グラビアアイドルの高橋昌美さん、ゲイレポーターの酒井佑人さんにはお礼を申し上げたい。

最後に、本書を最後まで読んでいただいた読者諸氏にも感謝申し上げたい。本書で覚醒したあなたが未来を変える力になると確信している。

私は単著三冊、共著四冊を出版しているが、その中で最高傑作になったと自負している。本書をバイブルとして、令和の世直し運動を進めていって欲しい。

いざ、変革の時へ……。

秋深まり行く中、鈴虫の声をききながら。

及川健二

及川健二 | おいかわ・けんじ

1980年生まれ。日仏共同テレビ局France10記者。国営放送などフランス語圏メディアに記事・写真・動画を配信している。フランス共和国の大統領・首相・外相・元老議員・国民議会議員・市長・知事・党首・欧州議会議員と対話・取材してきた。記者歴23年。国境なき記者団、Amnesty International France、フランス人権同盟(LDH)、Act Up-Paris、日本外国特派員協会、フランス・ドキュメンタリー映画監督協会(Addoc)、フランス社会党系LGBT団体Homosexualites et socialisme、在日フランス人協会、日仏政治学会の各々正式会員。
著書に『フランスは最高!』『沸騰するフランス』(花伝社)、『ゲイ@パリ』(長崎出版)がある。共著に『「オカマ」は差別か』『常識を越えて』(ポット出版)、『崩壊した「中国システム」とEUシステム』(藤原書店)、『イチゼロ VOL.3』(世界書院)がある。

本当《ほんとう》に野党《やとう》ではダメなのか?——野党《やとう》が掲《かか》げる成長《せいちょう》のための経済政策《けいざいせいさく》

2021年10月4日　第1版第1刷発行

編者　及川健二

発行者　株式会社亜紀書房

〒101-0051
東京都千代田区神田神保町1-32
電話(03)5280-0261
振替00100-9-144037
https://www.akishobo.com

装丁　岩瀬聡

編集協力　高松夕佳

DTP　山口良二

印刷・製本　株式会社トライ

https://www.try-sky.com

Printed in Japan
ISBN-978-4-7505-1718-6　C0030

経済のトリセツ　山形浩生

天下無双の「知のジェネラリスト」が見た、日本経済の20年とこれから。リーマンショック、ユーロ危機、アベノミクス、消費増税から、コロナ禍の経済状況まで。クルーグマンの著作をはじめとして、ピケティ『21世紀の資本』、ケインズ『一般理論』などの翻訳や、社会・経済・文化全般への鋭利な批評眼で知られる著者による、快刀乱麻の経済エッセイ集！

経済の論点がこれ1冊でわかる　教養のための経済学 超ブックガイド88　飯田泰之・井上智洋・松尾匡［編］

文系学生から、ビジネスマンまで。ケーザイを学ぶ入口はここだ!!　景気、格差・貧困、雇用・教育、国際経済、社会保障、環境問題、先進技術、統計など、リーダブルな必読入門書リストと共に、その概要を専門家たちがダイジェストで解説。初心者のための至れり尽くせり、究極のアンチョコ本、ついに登場！

「反緊縮！」宣言　松尾匡［編］

政府が積極的に財政支出をして、人びとの暮らしを豊かにする――世界の政治・経済を動かす新座標軸、「反緊縮」を知らなければ、これからの社会は語れない。人びとにもっとカネをまわせ！　そう、これは新たなニューディールの宣言だ。日本の経済・社会を破壊した「緊縮」財政主義を超えて、いまこそ未来への希望を語ろう。

そろそろ左派は〈経済〉を語ろう　レフト3.0の政治経済学　ブレイディみかこ・松尾匡・北田暁大

日本のリベラル・左派の躓きの石は、「経済」という下部構造の忘却にあった！　アイデンティティ政治を超えて、「経済にデモクラシーを」。「誰もがきちんと経済について語ることができるようにするということは、善き社会の必須条件であり、真のデモクラシーの前提条件だ」（ブレイディみかこ／本書より）

急に仕事を失っても、1年間は困らない貯蓄術　佐藤治彦

①必要なお金、楽しいことに使うお金を削らず、無駄な支出を見直す②お金だけではなく、年金、公的支援などの知識を貯める③状況に応じて、生活スタイルを見直す④良好な人間関係を蓄えておく⑤人に優しい制度を国が整備してくれるように政治の動きに興味を持つ。「貯蓄は安心と自由のために」をモットーに、危機に耐えうる生活術を。